东北振兴与东北亚区域合作

Revitalization of Northeast China and Regional Cooperation in Northeast Asia

总第三辑（2019 年第 1 期）

林木西　主编

中国财经出版传媒集团
经济科学出版社
Economic Science Press

图书在版编目（CIP）数据

东北振兴与东北亚区域合作．总第三辑：2019 年．第 1 期/
林木西主编．—北京：经济科学出版社，2019.9
ISBN 978－7－5218－1034－9

Ⅰ.①东…　Ⅱ.①林…　Ⅲ.①区域经济发展－研究－
东北地区②东北亚经济圈－区域经济合作－研究
Ⅳ.①F127.3②F114.46

中国版本图书馆 CIP 数据核字（2019）第 214928 号

责任编辑：李一心
责任校对：靳玉环
责任印制：李　鹏

东北振兴与东北亚区域合作
林木西　主编
经济科学出版社出版、发行　新华书店经销
社址：北京市海淀区阜成路甲 28 号　邮编：100142
总编部电话：010－88191217　发行部电话：010－88191522
网址：www.esp.com.cn
电子邮件：esp@esp.com.cn
天猫网店：经济科学出版社旗舰店
网址：http://jjkxcbs.tmall.com
北京季蜂印刷有限公司印装
787×1092　16 开　10 印张　200000 字
2019 年 12 月第 1 版　2019 年 12 月第 1 次印刷
ISBN 978－7－5218－1034－9　定价：32.00 元

《东北振兴与东北亚区域合作》

Revitalization of Northeast China and Regional Cooperation in Northeast Asia

目录

CONTENTS

东北经济／(1)

新时代东北老工业基地全面振兴：理论内核、科学特质与建构方略 …… 吴云勇　葛林芳（1）

吉林实体经济结构优化再平衡路径研究 ………………………………… 李　刚　金兆怀（12）

基于因子分析法的沈阳市政务微博影响力评价与比较研究 …………… 孟迎辉　和逸群（32）

海洋经济专题／(48)

中国海洋经济政策演变的过程与趋势

——基于中国262项海洋经济政策的实证分析 ………… 孙才志　王甲君（48）

环渤海地区海洋产业生态系统可持续发展能力及耦合研究 ………… 李　博　张志强（77）

国有经济／(97)

国企混合所有制改革红利测算与实现对策 …………………………… 刘涤非　曹艳秋（97）

金融研究／(112)

信贷配给阈值效应实证研究 ……………………………………… 赵秀芳　王乾乾（112）

小微企业抵押信贷配给与异质性甄别 ……………………………………… 张德昌（125）

上市银行资本结构与经营绩效相关性实证研究 …………………… 陈献勇　骆梦柯（136）

新时代东北老工业基地全面振兴：理论内核、科学特质与建构方略

吴云勇　葛林芳*

摘　要：中央政策的提出为东北老工业基地提供了方案指导，有必要从理论内核、科学特质与建构方略对新时代东北老工业基地全面振兴展开研究，探索出一条有中国特色的老工业基地振兴之路，为世界各国老工业基地振兴发展贡献中国智慧。为实现全面振兴，须先从本质意涵、内驱动力、准则构成上深刻剖析其理论内核，阐述东北全面振兴的重心所在。继而要深刻把握其特质要义，分别为民营经济是东北全面振兴体制机制创新的重要推动力、产业结构是东北全面振兴结构性调整的关键所在、科研院所是东北全面振兴创新人才的有效支撑、对外开放是东北全面振兴深化改革的有力手段。在建构方略上，应明确主体责任，转变思想观念；进行国有企业混改，优化营商环境；因地制宜发展战略性产业，培育产业新业态；运用科研院校优势，加大创新与人才留住力度。

关键词：新时代　东北老工业基地　全面振兴

一、引　　言

老工业基地的全面振兴一直是一个世界性难题，我国范围内，东北老工业基地的

---

* 吴云勇（1975—），吉林省梅河口市人，辽宁大学经济学院副教授、博士，研究方向：国民经济管理理论及政策、高校产权制度绩效，电子邮箱：125697506@qq.com；葛林芳（1995—），内蒙古乌兰察布市人，辽宁大学经济学院国民经济学专业2018级硕士研究生，研究方向：国民经济管理理论及政策，电子邮箱：gelinfang0827@163.com。

全面振兴更是极具示范性。在全球竞争浪潮中，新时代东北老工业基地如何运筹帷幄、攻坚克难、滚石上山，克服重重阻碍，成为我国重要的经济增长极，这个问题尤为重要且显示突出性。纵观而言，国外老工业基地振兴问题也层出不穷，这是一个各国或多或少都会面临的艰难抉择，为之做出的努力经验也可以被相互借鉴。美国作为发达国家领头羊，其经济强盛毋庸置疑，却也经历过老工业基地衰退的经济阵痛，美国的制造业带甚至还被人们称为“铁锈地带”。美国匹兹堡的成功和底特律的挣扎也令我们思考，自身国家某些区域的强大也会削弱老工业基地的振兴力度，在振兴期间，更应该注意各区域之间的联动配合。同时，政府也为老工业基地提供了有效的政策倾斜，美国国会出台了大量法案治理制造业带的“棕色地带”，取得了显著成效。作为两次世界大战的物质基础，德国鲁尔工业区为德国的强盛做出了巨大贡献，但是也不可避免地历经了资源开发引发经济繁荣、资源枯竭引发经济衰退的过程，其转型成功的秘诀是清理改造和产业结构调整，即通过改造落后产业，培育发展新兴产业，完成产业结构由单一向多元的转变。[1]

我国老工业基地的振兴也不单单只是东北地区特有的，东中西部都存在老工业基地的现象。东部地区以上海为例，上海成为如今炙手可热的金融中心，似乎老工业基地的腐朽已被抛之脑后，可见上海发展路径之成功。有学者指出，上海在提升、融合、培育、发展并举的综合转型模式下发展得速度更快、效率也更高。[2]相比东中西部的老工业基地振兴问题，东北的老工业基地振兴迫在眉睫、亟待解决，尤其是2016年，东北地区的经济增速急剧下降，辽宁省的GDP甚至出现负增长，总量上下降了6422.12亿元。从顶层设计而言，政府自2003年以来就相应出台了多项政策，涵盖多方面内容，涉及体制机制改革、产业结构调整、保障民生等方面。2003年中共中央、国务院出台了《中共中央　国务院关于实施东北地区等老工业基地振兴战略的若干意见》，此为第一轮东北振兴战略。2016年，中共中央、国务院发布了《中共中央　国务院关于东北全面振兴东北地区等老工业基地的若干意见》（以下简称《意见》），标志着新一轮东北振兴工作全面启动。[3]在此期间，国务院成立了振兴东北办公室，开发了东北振兴网，发改委也设立了地区振兴司，可见国家对东北振兴问题的重视程度。

在决胜全面小康之际，以实现全面振兴为目标的新一轮东北地区振兴已经扬帆起航，新时代东北老工业基地如何披荆斩棘、破冰而上、再次实现“老大哥”地位，这个任务沉重而艰巨。国内外研究多数从战略意义、政策分析、实践方案、深层次原因等方面进行分析，缺乏对其理论内核及特质要义的深度分析。因此，深刻剖析新时代东北老工业基地全面振兴的理论内核，深刻把握新时代东北老工业基地全面振兴的特质要义，深刻践行新时代东北老工业基地全面振兴的建构方略，具有重要的理论价值和现实意义。

二、新时代东北老工业基地全面振兴的理论内核

新时代东北老工业基地全面振兴的理论内核揭示了新时代东北老工业基地全面振兴最根本的理论质点，政策的制定与实施都离不开对理论内核的深刻理解与体会。所以，有必要从本质意涵、内驱动力、要素构成三个方面全面理解新时代东北老工业基地全面振兴的理论内核，有助于为东北老工业基地振兴的研究提供理论指导。

（一）新时代东北老工业基地全面振兴的本质意涵

老工业基地是以工业部门为主体的空间几何体。在探索新时代东北老工业基地全面振兴的本质意涵之前，首先要明确的是东北老工业基地的问题意涵所在。面对经济从高速向中高速转变的情形，与十多年前的东北问题有所不同，当前东北问题的意涵则从脱困和生存问题蜕变成了转型和发展中的问题。其中转型和发展则有狭义和广义之区别。狭义的转型发展主要是指老工业基地淘汰落后产业，开发、培育新兴产业，实现产业结构的转型升级；广义的转型发展是指老工业基地规律性、系统性、创新性地实现整个地区的体制转轨、结构转型、技术创新和生态环境改善等过程。[4]新时代东北老工业基地全面振兴的本质意涵则更强调全面性，也即广义的转型发展，而且新时代东北老工业基地全面振兴的本质意涵也强调新时代性。当前，中国经济步入新常态，须更好发挥主观能动性，中高速、优结构、转动力，新常态则意味着东北振兴应由粗放式发展向集约式内涵式发展。新时代性则表明新形势下，东北振兴更不能唯速度论，更应注重质量和效益，推进东北全面振兴的深度，扩张东北全面振兴的广度。综上所述，新时代东北老工业基地全面振兴的本质意涵体现为，新时代下，东北老工业基地通过系统性透彻性的体制转轨、结构转型、技术创新等举措，克服此过程中出现的困境，实现全方位振兴，促进供给侧结构性改革，走内涵发展和集约增长的新路。

（二）新时代东北老工业基地全面振兴的内驱动力

处于新时代，东北老工业基地全面振兴要着力解决的问题不仅是社会经济问题的表象，归根结底则是体制机制性问题和结构性问题，应运而生的是，东北全面振兴的体制机制创新和结构性调整作为新时代东北老工业基地全面振兴的内驱动力无可厚非。不可忽视的是，以人为本是经济社会发展的核心，以人的全面发展为最终目标，人民对美好生活的追求也极大程度上促进了东北全面振兴，不失为新时代东北老工业

基地全面振兴的内驱动力之一。

体制机制创新是破解东北经济问题、释放改革红利的根本途径，是推动新时代东北老工业基地全面振兴的动力所在。只有进行体制机制创新，正确处理好政府与市场之间的关系，才能营造市场化营商环境，给予企业合理的金融支持，引导资金流向，进一步从内里实现东北经济增长极支撑。政府资金支持毕竟有限，依靠资金倾斜只会形成路径依赖，从根本上体制机制创新才是东北全面振兴源源不断的长久动力，才是东北全面振兴强有力的治本之策。供给侧结构性改革强调结构性，东北全面振兴同样如此。结构是指某个整体的各个组成部分的搭配和排列状态。[5]结构性调整简略上是指优化结构，最终使得组成部分的顺序与占比合理有效，实现目标利益的最大化。结构性调整促使经济结构走向优质化，规模固然重要，但是结构涉及质量要求更为重要。东北全面振兴的结构性调整中以产业结构最为突出，完善的产业结构可以合理分配三大产业之间的关系，非此消彼长，而是齐头并进、互相扶持。只有完成了结构性调整，东北全面振兴才无后顾之忧，其外显为社会经济发展的方方面面。结构性调整可谓是东北全面振兴的支撑动力。人民对美好生活的追求促使人民为东北全面振兴而努力奋斗，这是新时代东北老工业基地全面振兴的内生动力。社会的发展离不开人的发展，人民对于生活积极向上的态度和需求的增加，显著地推动了东北全面振兴，是新时代东北老工业基地全面振兴的内驱动力。体制机制创新、结构调整及人民对美好生活的追求关乎着经济发展的宏观、中观、微观层面，涵盖了从个体自身到整体全局层面，呼应了“全面”二字，协同驱动了新时代东北老工业基地的全面振兴。

（三）新时代东北老工业基地全面振兴的准则构成

新时代东北老工业基地的全面振兴是一个具有长期性、复杂性的系统性工程，其准则构成也具有复杂性。全面振兴由上至下贯穿东北老工业基地的各个领域，所以其准则构成也是由总及分的，一级为发展目标准则，二级为总体思路准则，三级则为具体的重点任务准则，即四大着力点。以发展目标为顶层要求，继而针对发展目标提出总体思路，以总体思路为指导，将实施举措具体化，提出四大着力点，做到层层递进、有理有据，实现东北老工业基地全面振兴。

《意见》指出：“到 2020 年，东北地区在重要领域和关键环节改革上取得重大成果，转变经济发展方式和结构性改革取得重大进展，经济保持中高速增长，与全国同步实现全面建成小康社会目标。在此基础上，争取再用 10 年左右时间，东北地区实现全面振兴，走进全国现代化建设前列，成为全国重要的‘五基地一支撑带’。”[6]该发展目标具体地明确了新时代东北老工业基地全面振兴的阶段目标，为东北全面振兴提供了顶层要求，东北全面振兴应以发展目标为奋斗宗旨，其是全面振兴全过程应时刻谨记的准则之一。

《意见》指出："全面贯彻落实党的十八大和十八届三中、四中、五中全会精神，以邓小平理论、'三个代表'重要思想、科学发展观为指导，深入学习贯彻习近平总书记系列重要讲话精神，坚持'四个全面'战略布局，牢固树立并切实贯彻五大发展理念，适应和把握我国经济进入新常态的趋势性特征，坚持稳中求进工作总基调，做好'三大战略'互动衔接，以提高经济发展质量和效益为中心，保持战略定力，增强发展自信，坚持变中求新、变中求进、变中突破……"[6]东北全面振兴应与经济改革大环境一致，是中央赋予东北全面振兴的顶层设计，东北全面振兴应以总体思路为行动纲领，是东北全面振兴的二级准则。

四个着力点指明了新时代东北全面振兴应着力改革的具体方面，分别为着力完善体制机制、着力推进结构调整、着力鼓励创新创业、着力保障和改善民生。着力完善体制机制、深化改革开放是全面振兴老工业基地的治本之策，着力推进结构调整、增强产业竞争力是全面振兴老工业基地的关键之举，着力鼓励创新创业、提升科技创新能力是全面振兴老工业基地的决胜之要，着力保障和改善民生、使人民有更多"获得感"是全面振兴老工业基地的稳定之基。[7]体制机制是经济发展坚实的支柱，结构调整是经济发展成功的关键，民生是经济发展存在的主体，创新创业蕴含于内，与它们息息相关，不可分割。

三、新时代东北老工业基地全面振兴的特质要义

相比所有的老工业基地，东北老工业基地既有共性也有个性，老工业基地任务重难度大为共性，其个性自然孕育而生出其特质要义。在全面振兴征途中，就东北而言谈其特质要义，具体为民营经济是东北全面振兴体制机制创新的重要推动力、产业结构是东北全面振兴结构性调整的关键所在、科研院所是东北全面振兴创新人才的有效支撑、对外开放是东北全面振兴深化改革的有力手段。

（一）民营经济是东北全面振兴体制机制创新的重要推动力

国有经济和民营经济只是经济存在的两种形式，并不存在"一山不容二虎"的对立关系，其内涵是政府与市场之间的关系。民营经济是微观主体内生活力所在，东北地区国有企业一家独大导致民营企业发展缓慢，数量小、质量低。这种不平衡发展之下必然使得国有经济效率降低，没有起到应发挥的作用，而民营经济也发展不起来，弱者愈弱。国有经济缺乏相应竞争对手，消极待业、动力不足，所以民营经济的发展成为推动体制机制改革的重要动力。要发展民营经济毋庸置疑，但是大环境下更

要明确的是国企和民企唇亡齿寒，要提倡国企和民企公平竞争，引导资金的合理流向，而不是采用各种背后手段遏制民营经济的发展，也不能让民营企业一味独大，东北特殊的经济背景也不允许这样发展。总而言之，民营经济是东北全面振兴体制机制创新的重要推动力，应大力扶持民营经济的发展，但是这种支持是有道理的、是有度的，而非不计代价、不合时宜。在这方面，东北已经采取了渐进措施，例如，在2018年12月，辽宁省颁布了《金融机构支持民营企业发展奖励办法》，东北体制机制改革已在路上。

（二）产业结构是东北全面振兴结构性调整的关键所在

东北地区结构性矛盾突出，工业等旧动力骤然下降，而服务业等新动力难以为继，双方并没有自然衔接，新动力不足且旧动力减弱进而导致了严重的结构性矛盾。所以，作为新旧动力交替支柱的产业结构就成为东北全面振兴结构性调整的关键所在。东北地区的黑土地、东北大平原为其农业发展提供了资源优势，但是农业深加工能力不足，资源的路径依赖凸现。东北地区曾被誉为“共和国装备部”，其工业基础实力雄厚，为祖国的国防力量贡献巨大。如此强盛又具重要性的重工业彰显着东北地区不容小觑的振兴潜力，东北经济支撑带必然将会实至名归。但是东北全面振兴不能再唱“工业一柱擎天，结构单一”的“二人转”，应强调全面发展“多人转”，支持服务业发展。2015年，东北地区的第三产业增加值超过了第二产业增加值，但是有学者指出，这并不是因为第三产业发达，某种意义上是由于第二产业相对萎缩。[8]所以扩大第三产业范围与产值、第二产业内部结构待优化的问题依然存在。但是东北振兴也在做出相应努力，2018年12月，辽宁省印发《关于大力发展现代物流业的实施意见》，力求降低物流成本，发展现代物流服务业。

（三）科研院所是东北全面振兴创新人才的有效支撑

科研院所是人才培养基地、引领创新产地，在东北全面振兴中，面临人才大量长久流出的窘境，更应注重科研院所的发展状态。据统计，东北地区共有4所“985工程”大学，7所“211工程”大学，64所普通高等院校，涵盖工、农、文、理等各个方面，科研院所资源并不短缺。如此多的科研院校提供了大量高素质人才，但是这些人才去向何方有待商榷。可观数量的研究生奔向东北地区的优秀院校追求深造，但是东北地区并没有提供可观的政策挽留，进而人才流失也变得“可观”。东北地区并不缺乏人才，而是缺少留住人才的相关政策举措和相应的人才激励制度，以及适合人才发展的就业环境。同时，相比其他高等院校的科研资金支持，东北地区明显存在提升空间，而且科研院校和相关企业产业的融合度也不够高，进而科研成果转化率也偏低，致使科研成果也只是流于表面、难以运用。因此，东北地区应有效利用科研院所优势，为东北全面振兴提供创新人才支撑，带动优秀人才在东北地区安家落户。显然，现阶段还没有具体的相关政策出台，政府应给予足够的重视并尽快整合相关资源。

（四）对外开放是东北全面振兴深化改革的有力手段

东北毗邻俄罗斯与蒙古国，隔海与日本、韩国等相望，其地理位置为东北的对外开放提供了新途径，是东北全面振兴深化改革的有力手段。近几年来，我国进一步加快对外开放步伐，与国外的合作力度加深，东北地处我国蓝图的东北角，内靠大陆外临大海，有着天然的地缘优势，应紧跟对外开放改革潮流，继续加深对外开放。创新领域中，自主创新不可丢却耗时耗力，有着长期效应，而引进创新只需要花费资金却减少了时间成本，短期内颇为划算。创新是深化改革的重要动力，引进创新则需东北地区对外开放以贡献力量。东北亚国际经贸合作、中蒙俄经济走廊建设、“一带一路”为东北地区的对外开放提供了难得的良好机遇，东北地区应抓住机遇，主动融入，深化改革，争取成为下一个对外开放的引领中心。

四、新时代东北老工业基地全面振兴的建构方略

（一）明确主体责任，转变思想观念

东北地区是进入计划经济最早、退出计划经济最晚的地区，可谓是成也萧何败也萧何。东北老工业基地过去的辉煌依赖于计划经济先机，“共和国长子”“共和国装备部”等美誉不绝于耳，但其他区域纷纷抓住时机进行改革时，东北地区还停留在计划经济，进而丧失了发展机遇。

要明确现如今应以市场经济为主，明确服务型政府的责任，强调“主人翁”意识，摆脱等靠要的思想，政府应放手让“长子”成长。资金支持固然是必不可少的一环，但是需解决的还是结构性问题，所以为官者应有创改闯的勇气，大胆去创、大胆去干。具体来说，政府应首先加强干部队伍思想建设，培养为官者振兴东北荣誉感，让官员做到以振兴东北而自豪，不要怀有“东北振兴不起来”的消极思想，由内到外让领导迸发干劲儿、充满活力。其次是建立适合东北的官员聘任制机制，让东北地区率先成为官员机制改革试点，给予官员一定的权利并建立容错机制，让官员敢想敢做、做好做优。最后是建立合理的激励制度，如完成定量任务采取连任制，并大胆启用有勇有谋的年轻人。同时不仅要转变自己人的思想，还要转变别人的看法。一

提及东北，谈及的都是“东北经济下滑严重”“投资不过山海关”等负面影响，殊不知近几年大力改革之下，东北的经济形势已有所好转，相比其他发达地区可能有所不足，但是相比自身而言已改善不少。要明确东北老工业基地正在越来越好，也将会越来越好，应抓住东北大力改革的契机，积极投入东北振兴，方为远见之举。

（二）国有企业混改，优化营商环境

民营经济是东北全面振兴体制机制创新的重要推动力，营商环境是东北全面振兴增加就业的重中之重，国有企业混改是增加民营企业话语权、优化营商环境的重要举措。俗言之，“鸡蛋不能放在同一个篮子里”，同样，国有企业一家独大会导致抗风险能力较弱，一旦出现冲击很难应对，所以国企混改不失为一项睿智的举措。

首先，国有企业自身应“借东风”，加大改革力度，把国有企业做大做强，成为新时代国有企业。国有企业内部应建立起严格的审核制度与合理的工资制度，强调绩效的重要性，以企业发展为目标，让公司上下员工有强烈的危机意识，进而散发出生产活力与动力。市场上可成立专营管理国有资本的第三方平台，毕竟“术业有专攻”，可采用良性竞争选用最合适的平台，保障国有资本的保值升值，以求提高国有资本的利用效率。其次，国有企业应实行混改制，将股权分散化，不限民营企业持股比例，广泛吸纳箴言，斟酌考虑采用，优化企业内部投资布局。国有企业可建立合理的投票机制，适度增加民营企业的投票权。最后要打造国有企业和民营企业同等地位、公平竞争的营商环境，迈向适合产业发展的“3.0 阶段”，让民营经济成为“主角”，在市场上唱响“双主角”旋律，让市场做主。最终要在市场上实现龙头企业雁群式引领、中型企业狼群式竞争、小微企业鸟窝式孵化的有序整体。

（三）因地制宜发展战略性产业，培育产业新业态

首先，因地制宜把优势产业打造为战略性新兴产业，例如高端装备制造业、绿色制造产业、农业等，培养产业发展的内生动力。东北老工业基地装备制造业实力雄厚，具有把高端装备制造业打造成战略性产业的基础实力，东北老工业基地可以集中运用科研成果发展高端制造业，力争走进世界装备制造业前列。东北农业发展具有先天优势，所以要端牢农业这个“饭碗”，加快发展深加工农业，以深加工农业带动第一产业和第三产业，发展第六产业。吉林省的动植物药用资源特别丰富，可以集资合力开办医药产业园，整合医药资源，打造东北特色。

其次，把落后工业与服务业结合起来，培育产业新业态。对于一些落后的老工业基地，可以转变成具有东北特色的文化园，形成具有历史意义的旅游景点，培植产业新业态。东北地区具有其他地区所没有的冰雪资源，这是东北老工业基地发展产业新

业态的一大优势，应力争把东北地区创设为冰雪城市，把冰雪旅游业建设成全国一流旅游业。同时要强化服务意识，做好第三产业，立志创建东北优质服务业品牌。

最后，借助对外开放的契机大力发展相关重点产业。辽宁省沈阳市应着力打造中德高端装备制造产业园开放平台，引入国外先进技术和设备，继而发展成战略性产业。辽宁省丹东市与朝鲜隔海相望，且其凤凰山旅游业发达，可以进一步建立中朝特色旅游景点，引入朝鲜美食与服装。吉林省珲春市是中国唯一地处中、俄、朝三国交界的边境窗口城市，地理位置得天独厚，应给予重点扶持，加强贸易往来，拉动三大产业发展。

（四）运用科研院校优势，加大创新与人才留住力度

当前，东北老工业基地的全面振兴离不开人才的推动，体制机制变革离不开创新的驱动，创新与人才已成为决胜期间的重要支撑力。新时代应乘着对外开放的东风，引入日韩等优秀人才，在高校内成立海外人才基地，致力于科研成果的高产出。在此之前，应适当提升教师薪资水平，借鉴其他城市的经验，给予优秀人才科研项目启动资金，真正发挥高等教育的科学研究功能。同时应给予教师一定量的科研奖励，鼓励教师多多进行创新科研与东北振兴研究，为东北全面振兴提供支持。

另外，运用科研院校优势，在高校内大力培植创新孵化园，开办创客空间等多形式创新平台，加大创新成果研发量。提倡产学研相结合，引入企业等第三方力量，与企业合资设立产业创新孵化基地，真正做到科研创新成果用之于民。就人才留住角度而言，在校期间，学校以及老师应大力宣传东北需要人才等思想，力争让学生“学在东北，留在东北”；毕业时，政府应出台多项优惠鼓励政策，例如优秀人才安家费、住房补贴等，力争让学生做到主观上想留在东北。现如今，交通运输的发达已经让距离显得微不足道，各地方的未来发展前途以及当期利益的高低就变成了毕业生所留地方的决定性因素。所以东北相关政策的出台再加上中央政府的助攻，最终一定会吸引大量的优秀人才为东北老工业基地做出功绩。

参考文献

［1］赵涛．德国鲁尔区的改造——一个老工业基地改造的典型［J］．国际经济评论，2000（Z2）：37－40.

［2］夏添．跨区域老工业区与大都市老工业区转型路径对比——以上海杨浦老工业区和东北老工业区为例［J］．上海经济研究，2015（6）：123－128.

［3］林木西，和军，赵德起等．东北老工业基地新一轮体制机制创新［M］．北

京：经济科学出版社，2018.

［4］张志元．东北地区制造业发展模式转型研究［D］．吉林大学，2011.

［5］林木西，黄泰岩．国民经济学［M］．北京：经济科学出版社，2010.

［6］中共中央 国务院关于全面振兴东北地区等老工业基地的若干意见［J］．中华人民共和国国务院公报，2016（13）：5－12.

［7］杨荫凯，刘羽．东北地区全面振兴的新特点与推进策略［J］．区域经济评论，2016（5）：85－93.

［8］林木西．新一轮东北老工业基地全面振兴的新支点［J］．辽宁大学学报（哲学社会科学版），2016，44（6）：31－35.

The Overall Revitalization of the Old Industrial Bases in Northeast China in the New Era: Theoretical Core, Scientific Characteristics and Construction Strategies

Wu Yunyong　Ge Linfang

Abstract: The proposal of the central policy provides guidance for the old industrial bases in Northeast China. It is necessary to carry out research on the comprehensive revitalization of the old industrial bases in the new era from the theoretical core, scientific characteristics and construction strategies, explore the road to revitalization of an old industrial base with Chinese characteristics, and contribute China's wisdom for the revitalization and development of old industrial bases around the world. In order to achieve comprehensive revitalization, we must first deeply analyze its theoretical core from the essence of meaning, internal driving force, and norms, and explain the focus of comprehensive revitalization in Northeast China. It is necessary to profoundly grasp the essentials of its traits. The private economy is an important driving force for the Institutional innovation of the Northeast, and the industrial structure is the key to the comprehensive revitalization of the Northeast. The scientific research institutes are the effective support for the innovative talents in the Northeast. Opening to the outside world is a powerful means for comprehensive revitalization and deepening reform in the Northeast. In the construction strategy, the main responsibility should be clarified, the ideological concept should be changed; the mixed-ownership reform of state-owned enterprises should be performed to optimize the business environment; the strategic industry should be developed according to local conditions, and the new industry mode should be cultivated; the advantages of scientific research institutions should be used to increase innovation and talent retention.

Keywords: New Era　Old Industrial Base in Northeast China　Comprehensive Revitalization

吉林实体经济结构优化再平衡路径研究

李　刚　金兆怀*

摘　要：现阶段，吉林省实体经济结构不平衡是一种总量不平衡中的内部结构不平衡及外部结构不平衡的交互作用，既表现为制造业总量结构、工业与服务业效率结构等内部结构不平衡，也表现为金融供给与实体经济需求之间的外部结构不平衡。吉林省实体经济结构不平衡，虽然受到经济周期和总量变化的影响，但结构失衡才是根源，因而需要从供给侧和结构性改革上采取措施实现结构优化再平衡。

关键词：吉林省　实体经济　结构　再平衡

实体经济是国民经济的基石，是创造社会财富的源泉，是提升区域竞争力的主导力量，是参与区域分工的代表。确保实体经济平稳运行，不仅是实现吉林老工业基地全面振兴全方位振兴的根本途径，还是实现高质量发展的必然选择。自东北老工业基地振兴战略实施以来，吉林省充分利用自身比较优势，积极发挥后发优势，以破除体制机制障碍和推动产业结构优化升级为主线，实体经济发展取得了重要进展。但由于受到国内外经济发展环境的重大影响，吉林省实体经济发展中总量不平衡伴随着结构性不平衡问题越显突出，特别是当前经济动能转换过程中出现的产能过剩、产业结构优化、金融和房地产市场失衡等问题导致实体经济出现了结构性不平衡，进而影响资源配置效率和降低经济运行效率。因而，对吉林省实体经济出现的结构性不平衡进行深入剖析，提出实现实体经济优化再平衡的对策建议，具有十分重要的意义。

---

* 李刚（1971—），男，吉林长春人，博士，中共吉林省委党校决策咨询研究中心副主任，副研究员，研究方向：区域经济理论与实践；金兆怀（1951—），男，吉林长春人，博士，东北师范大学经济学院教授，博士生导师，研究方向：社会主义市场经济理论与实践，区域经济发展。

一、吉林省实体经济结构的不平衡性分析

（一）吉林省制造业结构性不平衡

1. 高技术产业与传统产业总量不平衡

产业高端化和产业链条高端化是以制造业为核心的实体经济实现转型升级的核心目标。目前，吉林省以制造业为代表的实体经济总量不平衡主要表现在：从产业发展的不同层次分析，高耗能产业在制造业当中的比重下降速度过快，高技术产业在制造业当中的比重上升速度过慢，其他的替代产业难以有效填补增长空白。吉林省高耗能产业与高技术产业主营业务收入及占制造业比重如表1所示。

表1　吉林省高耗能产业与高技术产业主营业务收入及占制造业比重

年份	全部工业制造业主营业务收入（亿元）	高耗能行业主营业务收入（亿元）	高耗能行业主营业务收入比重（%）	高技术行业主营业务收入（亿元）	高技术行业主营业务收入比重（%）
2004	2647.65	888.34	33.55	113.8	4.30
2005	3109.47	1107.26	35.61	145.39	4.68
2006	4456.23	1430.69	32.11	188.13	4.22
2007	5906.2	1788.43	30.28	250.56	4.24
2008	7703.81	2227.22	28.91	359.65	4.67
2009	9690.67	2008.98	20.73	474.4	4.90
2010	12647.34	3225.03	25.50	642.4	5.08
2011	16745.42	4269.98	25.50	918.1	5.48
2012	19835.57	4649.38	23.44	1138.7	5.74
2013	22818.78	5154.22	22.59	1431.3	6.27
2014	23312.77	5157.64	22.12	1667.9	7.15
2015	22321.96	4816.77	21.58	1848.5	8.28
2016	23431.36	4441.82	18.96	2067.8	8.82

资料来源：根据历年《吉林统计年鉴》及《中国高技术统计年鉴》中的数据整理计算而得。

吉林省具有高技术含量的制造业在全部工业当中的比重较低，严重制约了知识经济与创新能力建设，也不利于新动能的培育和发展。2016年，吉林省医药、电子信息、仪器设备制造、航空航天等高技术产业主营业务收入为2067.8亿元，占到全省规模以上工业企业主营业务收入总额的8.82%。从纵向对比分析，高技术行业实现

的主营业务收入总量及在全部规模以上企业的比重呈现出不断增长的趋势，但是增速缓慢，2004～2016年，高技术行业主营业务收入占全部规模以上企业主营业务的比重年均增长仅为0.37%。相比较而言，石油加工炼焦及核燃料、化学原料及化学制造品制造业，非金属矿物制造，黑色金属加工及有色金属加工等高耗能产业，2016年实现主营业务收入达到4441.82亿元，占全部制造业规模以上企业主营业务收入的18.96%。近年来随着吉林省对煤炭、钢铁等产业实施去产能，高耗能产业在全国工业中的比重呈现出较快的降低趋势。2004年，吉林省高耗能行业主营业务收入占全部制造业规模以上工业主营业务收入的比重为33.55%，到2016年已经下降到18.96%，年均下降近1%。高耗能产业占全部制造业规模以上企业主营业务收入的比重下降速度远高于高技术行业占全部制造业规模以上企业主营业务收入的上升速度，传统制造业转型升级与新兴制造业加快发展之间出现了相对的速度差距，导致当前吉林省以制造业为主的实体经济出现总量不平衡。

2. 组织结构不平衡

目前，吉林省实体经济产业组织形式按经济性质主要包含国有企业、民营企业、外资投资和港澳台投资企业及集体企业等组织形式。以工业为例，2016年，国有工业企业实现的工业产值占到全部工业产值的31.1%，民营工业占到全部工业产值的30.4%，外商投资和港澳台投资企业占到全部工业产值的8.7%。民营工业企业经过多年的发展已经占据了工业发展的半壁江山。但是，目前吉林省规模以上国有工业企业仅以370家的数量就占有全部工业产值的31.1%，而2990家民营工业企业仅占到全部工业总产值的30.4%。在实体经济发展中，国有企业，特别是大型国有企业仍是创造工业总产值的重要力量。2016年，在吉的中央所属国有企业工业总产值占到全省国有企业工业总产值的97.56%，这充分说明，吉林省产业组织结构虽然发生了较大的变化，民营工业企业已经发展成为实体经济的重要部分，但国有企业尤其是央企还在行业中居于绝对主导地位。

产业组织结构不平衡还表现在吉林省具有绝对优势的企业，具有高质量的优质企业数量少，更缺乏能在全国制造业中占有绝对主导地位或者掌控能力的大型企业集团。2016年，吉林省在全国500强企业当中仅有一汽集团、吉林亚泰和欧亚集团3家企业入围。相比较而言，2016年，辽宁省有8家企业入围全国500强企业，且多数企业规模远超过吉林亚泰集团和欧亚集团，其中有5家制造业相关企业，吉林省仅有一家制造业相关企业。到2017年，中国企业500名单当中，吉林省仅有一汽集团和吉林亚泰集团上榜，其中，一汽集团排名第32位，亚泰集团排名第405位。相比较而言，辽宁省有9家企业入围全国500强企业，有5家企业排在前200位，其中大商集团排名第66位，大连万达集团排名第89位，华晨汽车排名第94位，鞍钢集团排名第102位，本钢集团排名第188位。吉林省缺乏优质企业集团引领实体经济发展。

3. 外贸结构不平衡

吉林省实体经济发展不平衡也反映在出口商品的结构变化之中。吉林省虽然不属于外贸进出口大省，但对外贸易对实体经济发展仍具有重要意义，是影响实体经济发展的重要因素。2016年东北三省海关主要出口前五位商品如表2所示。

表2　　2016年东北三省海关主要出口前五位商品

吉林省		辽宁省		黑龙江省	
出口商品品种	总额（亿美元）	出口商品品种	总额（亿元）	出口商品品种	总额（亿美元）
胶合板及类多层板	2.99	机电产品	1153.19	机电产品	28.03
服装及衣着附件	2.99	高技术产品	318.01	农产品	8.62
鲜、干水果及坚果	2.17	农产品	300.54	服装及衣着附件	8.2
医药品	1.67	水产品	170.30	鞋类	3.88
纺织纱线织物及制品	1.64	钢材	314.95	纺织纱线织物及制品	3.77

资料来源：根据《吉林统计年鉴（2017）》《辽宁统计年鉴（2017）》《黑龙江统计年鉴（2017）》中的数据整理。

2016年，吉林省出口商品排在前五位的以木材、服装等轻工产品及医药产品和农产品为主，机电产品出口数量和金额所占比重较低。与辽宁省、黑龙江省相比较，2016年，辽宁省出口商品结构当中，机电产品、高技术产品等制造业产品成为出口商品的主要组成部分。黑龙江省的机电产品也排在所有出口商品中的第一位。吉林省实体经济在对外贸易方面，与辽宁省、黑龙江省相比，在出口商品结构、效益、数量、核心技术等方面都存在巨大差距。外贸不平衡成为制约吉林省实体经济发展的重要影响因素。

（二）吉林省工业与服务业发展不平衡

1. 工业与服务业发展速度不均衡

一直以来，吉林省服务业产值比重滞后工业（见图1），吉林省工业与服务业（除去金融业与房地产业）产业产值结构变化趋势，1990～2016年工业与服务业产值结构变化趋势如表3所示。自1990年以来，吉林省服务业经历了在波动中不断增长的状态。1990年，吉林省服务业产值结构为27.78%，同期，工业产值结构达到42.83%，到2003年，工业产值结构首次超过服务业。但是随着老工业基地振兴战略的实施，工业化仍是老工业基地振兴的主要动力，2004年以后，工业产值比重持续上升，到2013年，工业产值比重已经达到53.41%，服务业产值比重为34.76%。工业产值比重高于服务业产值比重说明吉林省工业化进程尚未结束，符合配第—克拉克工业化发展的基本规律。但是，从吉林省工业与服务业之间发展变化的趋势分析，目前，吉林省工业与服务业发展速度都出现了下降趋势，1991～2010 年工业增加值年均增速为 12.85%，服务业增加值年均增速为 20.07%；2001～2010 年工业增加值年均增速为 12.17%，服务业增加值年均增速为 15.70%；2011～2016 年工业增加值年均增速为 3.39%，服务业增加值年均增速为 13.0%。进入 21 世纪以来，吉林省服务业发展速度虽然出现了高于工业的趋势，但是服务业发展速度近年来也出现了不断下降趋势。工业与服务业之间发展速度不均衡，一方面，会导致工业经济发展的资源配置效率降低，影响实体经济效益；另一方面，会导致整个社会经济发展缺乏有效的动能支撑，不利于老工业基地全面振兴的进程发展。

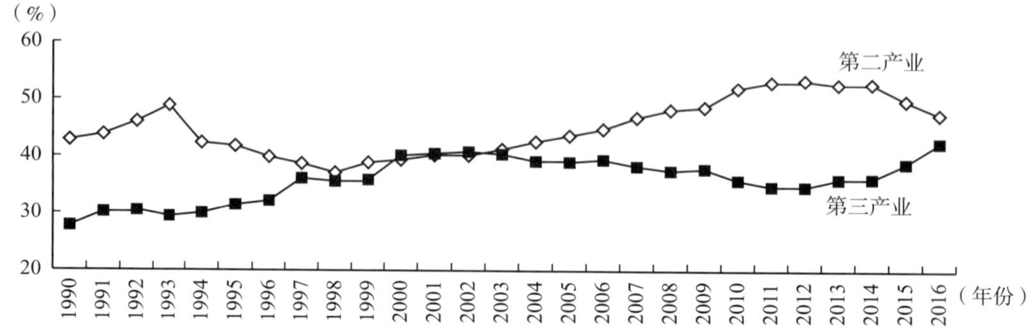

图 1　吉林省第二、第三产业产值结构变化趋势

表 3　　1990～2016 年吉林省第二、第三产业产值结构　　单位：%

年份	第二产业比重	第三产业比重	年份	第二产业比重	第三产业比重	年份	第二产业比重	第三产业比重
1990	42.83	27.78	1999	38.91	35.91	2008	46.84	38.33
1991	43.80	30.20	2000	39.40	40.17	2009	48.20	37.54
1992	46.05	30.50	2001	40.21	40.50	2010	48.66	37.87
1993	48.85	29.43	2002	40.17	40.83	2011	51.99	35.89
1994	42.33	30.01	2003	41.26	40.40	2012	53.09	34.82
1995	41.79	31.48	2004	42.59	39.19	2013	53.41	34.76
1996	39.88	32.20	2005	43.67	39.05	2014	52.67	36.08
1997	38.72	36.14	2006	44.80	39.46	2015	52.79	36.17
1998	37.14	35.63	2007	38.91	35.91	2016	49.82	38.83

资料来源：根据《吉林统计年鉴（2017）》中的数据整理而得。

2. 工业与服务业发展效率不均衡

吉林省服务业发展速度虽然较快，但相对发展速度较快的服务业与相对发展速度较低的工业之间经济效率存在不均衡。吉林省农业、工业与服务业投资比重变化趋势如图2所示。从图2可以看出，自2010年以来，吉林省工业投资比重高，年均超过50%，但已经出现下降趋势。2010年，工业投资在三次产业中的比重为58.08%，到2016年已经下降到51.62%，年均下降0.92个百分点，服务业在三次产业当中的比重，已经由2010年的37.97%，上升到2016年的42.58%。服务业投资比重明显增长。从工业与服务业之间的劳动生产率比较分析，服务业快速增长的投资水平并没有带来劳动生产率的显著增加。1990～2016年吉林省工业与服务业劳动生产率如表4所示。2010年，吉林省工业与服务业劳动生产率差距为10.66万元/人，到2016年，这一差距进一步扩大为12.12万元/人。不难看出，效率相对较低的服务业，相对发展速度较快；效率相对较高的工业，相对发展速度较慢。

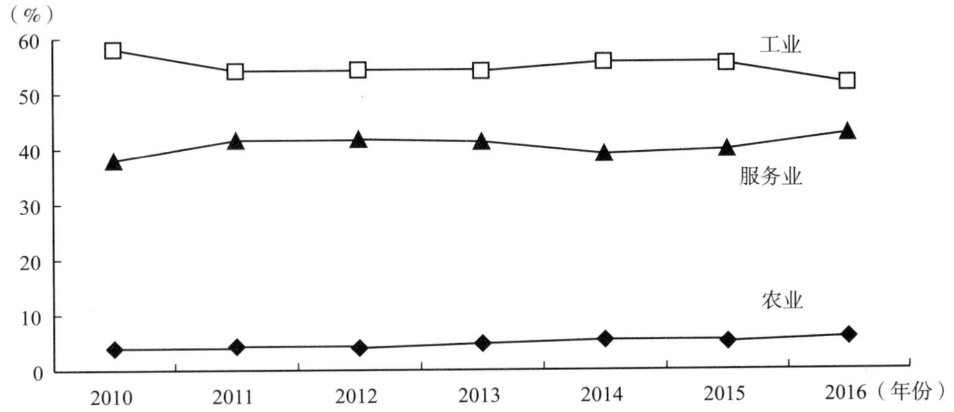

图2　吉林省农业、工业、服务业投资比重关系变化趋势

表4　1990～2016年吉林省工业与服务业劳动生产率　　单位：万元/人

年份	工业劳动生产率	服务业劳动生产率	年份	工业劳动生产率	服务业劳动生产率	年份	工业劳动生产率	服务业劳动生产率
1990	0.54	0.44	1999	2.92	1.75	2008	12.30	5.18
1991	0.60	0.49	2000	3.46	2.19	2009	13.53	5.91
1992	0.73	0.58	2001	3.95	2.35	2010	17.13	6.47
1993	1.00	0.68	2002	4.31	2.52	2011	20.77	7.45
1994	1.16	0.84	2003	5.24	2.68	2012	22.52	8.05
1995	1.40	1.00	2004	5.85	2.84	2013	21.35	8.68
1996	1.63	1.19	2005	6.82	3.20	2014	21.16	8.77
1997	1.80	1.43	2006	8.06	3.77	2015	20.44	8.91
1998	2.55	1.58	2007	10.18	4.42	2016	21.51	9.39

资料来源：根据历年《吉林统计年鉴》中的数据整理而得。

（三）实体经济与虚拟经济发展不平衡

实体经济与虚拟经济①不平衡主要是在实体经济与以金融业为主的虚拟经济之间增长速度不均衡而出现的分化情况。对于吉林省而言，2001～2010年，虚拟经济年均增长21.75%，高于同期实体经济增长速度4.34个百分点，2011～2016年，虚拟经济年均增长率高达25.13%，超过同期实体经济增长速度近20个百分点，远高于实体经济发展速度。虽然吉林省以金融业为主的虚拟经济在GDP中的比重比全国平均水平低，但是在金融创新与投资为主的投资模式推动下，2010年以来，吉林省虚拟经济增长速度明显加快，在GDP中的比重不断上升。实体经济与虚拟经济之间开始显现出结构性失衡现象，主要表现在，在以金融业为主的虚拟经济服务实体经济的能力没有显著提升，金融供给与实体经济需求失衡。

1. 金融供给与实体经济需求不平衡

中国人民银行公布的2017年地区社会融资规模增量统计表中的数据显示，吉林省社会融资规模增量为1568亿元，虽然总量呈现不断增长趋势，但是与发达地区相比仍处于小规模阶段。

如表5中的数据显示，2017年，吉林省社会融资总规模为1568亿元，在31个省区市当中排名第27位，比辽宁省低2368亿元，比黑龙江省低826亿元。与发达地区相比，2017年，广东省社会融资规模总量达到22091亿元，浙江省达到13331亿元，江苏省达到15244亿元。无论与东北地区的黑龙江省、辽宁省，还是与发达地区的广东省、江苏省、浙江省相比较，吉林省与上述地区之间的社会融资规模总量存在巨大差距，实体经济发展所需要的资金支持受到极大限制。而从社会融资规模结构来看，2017年，吉林省实体经济融资规模总量当中商业银行贷款占全部融资的比重为52.16%，全国平均水平为70.59%。相比较而言，东北地区的辽宁省商业银行贷款占全部融资总量的比重达到70.60%，黑龙江省达到60.52%。发达地区这一比重也接近或者达到全国平均水平，例如，浙江省达到65%、广东省达到69%、江苏省达到72%的水平，这些数据充分说明发达地区实体经济发展得到了商业银行的有力支持。

① 本文在对实体经济与虚拟经济比较分析的过程中，选择将实体经济定义为除去房地产与金融业之外的其他产业，在衡量指标上虚拟经济是由房地产业与金融业共同组成的GDP总值，实体经济则是除去房地产业与金融业以外的GDP总值。

表 5　　2017 年各地区社会融资规模增量统计　　单位：亿元

地区（省、自治区、市）	融资规模增量	人民币贷款	外币贷款	委托贷款	信托贷款	未贴现银行承兑汇票	企业债券	非金融企业境内股票融资
北京	8255	7206	-232	1082	1571	130	-2748	959
天津	2790	2754	109	-224	-132	378	-231	51
河北	8346	5532	40	98	1881	61	297	170
山西	3203	2246	-14	194	158	-8	460	50
内蒙古	2104	2096	4	72	-218	15	-111	84
辽宁	3936	2779	-130	-176	37	1331	-314	223
吉林	1568	818	-14	148	34	87	137	150
黑龙江	2394	1449	-64	109	357	312	56	53
上海	11748	7606	-52	221	1869	298	351	1144
江苏	15244	11000	142	375	620	-99	1946	762
浙江	13331	8718	-218	746	1282	257	911	1166
安徽	7038	4287	76	331	1197	276	379	262
福建	5263	4069	-48	-62	563	282	17	251
江西	5347	3981	62	419	838	-222	78	55
山东	8498	5874	48	673	501	39	307	582
河南	6802	5237	143	177	526	74	82	251
湖北	7281	5024	17	521	902	-112	460	258
湖南	6430	4308	-1	187	288	332	731	353
广东	22091	15244	-67	242	2794	1292	413	1305
广西	3421	2594	-6	266	0	434	34	8
海南	856	797	-4	-152	0	126	14	20
重庆	3719	3080	-163	-83	174	-64	-11	57
四川	7391	5318	234	778	446	-520	383	207
贵州	4046	3002	8	530	230	63	193	20
云南	3151	2356	11	237	326	-127	95	127
西藏	1019	996	-1	30	-96	28	30	16
陕西	5926	2758	-36	244	2198	220	83	320
甘肃	2894	1754	30	74	1144	-214	-54	32
青海	1208	642	1	36	577	29	-109	0
宁夏	865	665	-2	49	0	119	-8	15
新疆	3039	2315	-17	216	65	69	103	171

注：地区社会融资规模增量是指一定时期内、一定区域内实体经济（非金融企业和住户）从金融体系获得的资金总额。

资料来源：中国人民银行网站。

如图3所示，2013年以来，吉林省社会融资规模总量一直在2000亿～3000亿元徘徊，黑龙江省社会融资规模总量与吉林省相近，辽宁省社会融资规模总量远高于吉林省与黑龙江省，吉林省实体经济融资规模水平低、总量少，金融业对实体经济发展的支持严重不足，商业银行的信贷供给与实体经济的资金需求之间出现不均衡。

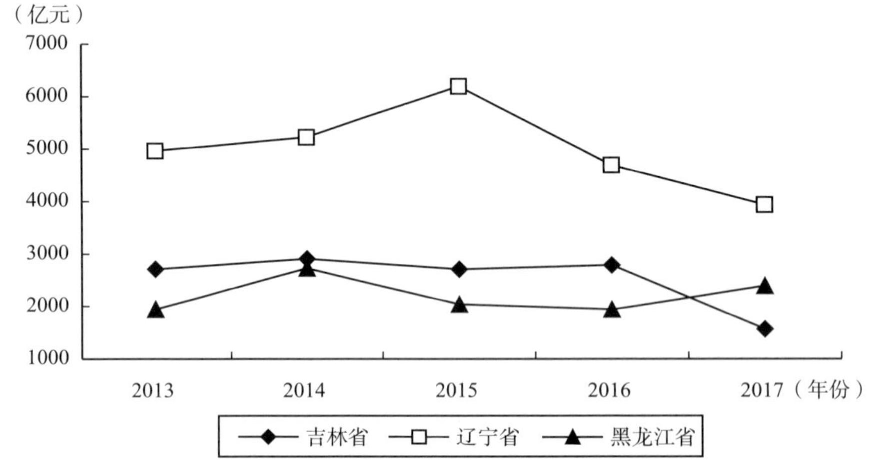

图3　2013～2017年吉林、辽宁、黑龙江社会融资规模总量

2. 实体经济融资结构不平衡

以商业银行信贷为主的间接融资与非银行信贷为主的直接融资是实体经济获得资金支持的主要渠道。直接融资方式主要包含非金融企业境内股票融资和企业债券融资模式，间接融资方式包含商业银行贷款、委托贷款、信托贷款及未贴现银行承兑汇票等模式。从吉林省实体经济融资结构分析，2017年，吉林省实体经济当中直接融资的比重为18.03%，间接融资的比重为68.43%。间接融资比重较高，意味着目前实体经济的主要资金来源仍是以商业银行信贷为主，直接融资比重低，则意味着当前吉林省资本市场规模较小，资本市场的规模扩张与实体经济之间的融资需求还存在着较大差距。已有研究表明，目前，吉林省实体经济利用资本市场的能力较弱，这主要表现在，实体经济，尤其是进入到快速发展阶段的中小型创新型企业在“新三板”市场融资能力弱。2014年，吉林省中小企业才刚刚出现在“新三板”挂牌融资，到2016年也仅仅有80家中小企业在“新三板”资本市场挂牌融资。2016年辽宁省在“新三板”资本市场上有208家企业实现挂牌融资，黑龙江省有90家企业实现挂牌融资。吉林省实体经济在“新三板”中的企业数量和市值总量不仅低于辽宁省与黑龙江省，更低于北京、上海、江苏等发达地区。到2016年，黑龙江省在“新三板”中有市值的企业达到31家，其中两家企业市值超过30亿元，有6家企业市值不足1亿元，市值在1亿~3亿元有8家，3亿~5亿元有6家，5亿~10亿元有8家，10亿~30亿元的有3家。辽宁省在“新三板”中有市值的企业达到84家，其中有10家企业市值超过10亿元，有22家企业市值在1亿元以下，有24家企业市值在1亿~3亿元，市值在3亿~5亿元的企业有16家，5亿~10亿元的企业有12家。吉林省在“新三板”中有市值的企业仅为29家，其中仅有金塔股份1家企业市值超过10亿元，9家企业市值不足1亿元，1亿~3亿元的企业有11家，3亿~5亿元的企业有4家，5亿~10亿元的企业有4家（见表6)。“新三板”市场融资直接体现出创新性中小企业的成长能力和融资能力。2016年，在所有的9764家“新三板”挂牌企业当中，吉林省74家新三板企业，占比0.8%；其中29家企业有市值，占比39.2%。

表6　2016年吉林省、辽宁省和黑龙江省“新三板”有市值企业市值分布　单位：家

	吉林省	辽宁省	黑龙江省
上市总数	84	208	90
1亿元以下	9	22	6
1亿~3亿元	11	24	8
3亿~5亿元	4	16	6
5亿~10亿元	4	12	8
10亿元以上	1	10	3

资料来源：挖贝新三板研究院。

二、吉林省实体经济结构不平衡的原因分析

（一）实体经济创新能力不足

1. 创新主体的地位低

企业是知识经济与创新的重要载体，而创新又是企业能在市场竞争中得以生存发展的基本路径，也是企业获得长期领先优势的法宝。在知识经济与创新的时代背景下，企业在知识经济与创新中的主体地位是否能够确立，主导作用是否能够发挥，直接决定了创新驱动战略的成败。吉林省一直以来十分重视企业在创新战略中的主体地位，通过不断增加科研经费投入，提高创新投入强度，加大科研成果转化率，增强了企业在创新中的主体地位。但是，与发达地区及东北其他两省相比较，吉林省企业在知识经济与创新中的主体地位仍需要进一步加强。

（1）企业科技支出强度较低。

从按资金来源的 R&D 内部经费支出分析，2015 年，吉林省企业在全部 R&D 内部经费支出的总额仅为 88.10 亿元，排名全国第 24 位，比重为 62.29%，辽宁省则达到 69.14%，而全国平均比重为 74.7%。吉林省企业在全国 R&D 内部经费支出比重仅为 0.8%，企业对社会研发经费的贡献水平不仅低于全国平均水平也落后于辽宁省，这说明吉林省企业对研发经费增长的引领作用有待于进一步提升。而从企业内部 R&D 内部经费支出占主营业务收入比重分析，2015 年，吉林省企业内部 R&D 内部经费支出占主营业务收入比重仅为 0.39%，同期全国平均水平为 0.95%，辽宁省达到 0.75%，黑龙江省达到 0.71%，与吉林省 GDP 水平相近的山西省与云南省均为 0.69%，这说明企业创新投入能力仍显不足。

（2）企业科技创新产出能力较低。

从专利申请量分析，2015 年，吉林省专利申请数量达到 14800 件，其中规模以上工业申请专利数量 1972 件，占全省总量的 13.32%。与东北其他两省及国内其他一些省份相比较，吉林省在专利申请数量及规模以上企业专利申请数量均显著落后于其他省区。2015 年，辽宁省达到 42153 件及 9190 件，黑龙江省达到 34611 件及 4131 件，超出吉林省近两万件，差距十分明显，特别是与浙江、江苏等发达省份相比，吉林省无论是在专利申请数量还是规模以上企业专利申请数量均存在极大差距。特别是在企业发明申请专利数量方面，吉林省 2015 年尚不足 1000 件，不仅在总量上，还在比重上低于辽宁、黑龙江，更低于 GDP 相近的山西、云南等地区。全国部分省份专利申请量及规模以上企业专利申请量比较如表 7 所示。

表 7　2015 年全国部分省份专利申请量及规模以上企业专利申请量比较

地区	专利申请量（件）	规模以上企业专利申请量（件）	规模以上企业专利申请量占全省比重（%）	规模以上企业发明专利申请量（件）	规模以上企业发明专利申请量占规模以上企业专利申请量比重（%）
吉林省	14800	1972	13.32	787	39.91
辽宁省	42153	9190	21.80	3902	42.46
黑龙江省	34611	4131	11.94	1752	42.41
江苏省	428337	119927	28.00	41744	34.81
浙江省	301264	80512	26.72	17242	21.42
云南省	17603	3751	21.31	1493	39.80
山西省	14948	3569	23.88	1303	36.51

资料来源：根据《中国高技术统计年鉴》（2016）中的数据整理。

从总量上看，包含吉林省在内的国内其他地区专利申请量包含发明专利申请量，工业企业在各地区份额相对较低，大学及科研院所仍在科技创新中居于主导地位。从地区上看，发达地区企业作为知识经济与创新的主体地位明显优于其他地区，在东北三省，辽宁省、黑龙江省的企业创新能力明显优于吉林省，因而，吉林省企业作为知识经济与创新的主体地位仍需进一步加强。

2. 产学研合作水平低

吉林省既是国家重要的工业基地也是科学研究的主要基地，产学研合作历来受到政府、科研机构与企业的重视，并出台了鼓励高等学校与科研院所科研人员领办、创办科技企业的支持性政策，特别是鼓励以企业为主体引进创新载体等政策措施，这些政策与措施的出台极大地释放了产学研合作潜力。但是，由于长期以来存在的体制机制性障碍，吉林省产学研合作水平虽然有很大提升，但是产学研相结合的效果尚未完全得到有效发挥。

（1）高等学校研究与试验的结合效果差。

目前，吉林省高等院校存在着重视应用研究，轻视成果转化；政府重视高等院校科研，企业轻视与高等院校合作等现象。2015 年，吉林省高等院校 R&D 内部经费支出在全国排名第 18 位，其中基础研究、应用研究和实验发展经费支出的比重为分别为 42. 59%、50. 97%、6. 48%。与辽宁省、黑龙江省、江苏省、浙江省相比存在总量差距（见表 8）。一方面，说明吉林省对高等院校科研投入强度较低；另一方面，说明吉林省高等学校仍重视基础研究与应用研究，对科研成果转化的实验发展缺乏应有的重视程度。从按来源结构的经费支出分析，政府重视高等院校的科研工作，但是企业重视程度较低。2015 年，吉林省高等院校按来源分 R&D 内部经费支出当中，政府支出达到 81. 82%，企业支出达到 14. 81%。与全国其他地区相比，全国企业支出比重平均为 30. 19%，辽宁省达到 44. 89%，黑龙江省达到 41. 84%，江苏省达到 37. 19%，浙江省达到 33. 64%。吉林省与其他部分省份相比，企业向高等院校投资的总量明显偏低，尤其低于辽宁、黑龙江两省。这说明企业与高等院校之间的合作程度并不紧密，高等院校仍然重视基础研究与应用研究，忽视科研成果向企业转化。

表 8　　2015 年吉林省及全国部分省份高等学校 R&D 内部经费支出结构　　单位：亿元

地区	按支出结构				按来源结构			
	总额	基础研究	应用研究	实验发展	政府支出	企业支出	国外资金	其他
全国（平均）	998. 59	391. 03	516. 31	91. 25	637. 26	301. 49	5. 24	59. 59
辽宁省	46. 56	16. 22	25. 99	4. 34	23. 10	20. 41	0. 1	2. 95

续表

地区	按支出结构				按来源结构			
	总额	基础研究	应用研究	实验发展	政府支出	企业支出	国外资金	其他
吉林省	22.68	9.66	11.56	1.47	18.58	3.36	0.11	0.63
黑龙江省	40.94	13.41	25.90	1.62	23.18	17.13	0.04	0.63
江苏省	91.38	37.83	43.37	10.19	51.79	33.98	0.31	5.3
浙江省	56.14	23.39	30.40	2.36	34.08	18.89	0.23	2.94

资料来源：根据《中国高技术统计年鉴》（2016）中的数据整理。

（2）企业与科研院所之间的合作程度较低。

从吉林省地方部门所属科研机构 R&D 内部经费支出情况分析，目前，吉林省地方部门所属科研机构比较重视实验发展，2015 年实验经费支出占到全部支出比重的 71.43%，这与高等院校科研方向显著不同，在一定程度上也体现了两者之间的侧重点存在较大差别。2015 年，吉林省地方部门所属科研机构 R&D 内部经费达到 7 亿元，与辽宁、黑龙江两省相差不多，说明目前吉林省财政收入水平支持科研院所的强度较高，90.71% 的资金来源于政府财政支持。但也应该看到，在政府不断加大科研投入力度的同时，企业对科研院所的资金支持水平较低，仅有 1.29% 的资金来源于企业支持（见表 9）。而且从全国其他省份情况分析，大部分省份也不同程度存在科研结构与企业之间联系不紧密的普遍现象，这说明，科研机构的科研成果向现实生产力转变还存在较大障碍，高等院校、科研机构、企业之间的合作程度并不紧密，限制了科研成果转化。

表 9　2015 年吉林省及全国部分省份地方部门所属研究与开发结构 R&D 内部经费支出

单位：亿元

地区	按支出结构				按来源结构			
	总额	基础研究	应用研究	实验发展	政府支出	企业支出	国外资金	其他
全国（平均）	245.42	34.36	71.10	135.96	193.49	6.25	0.51	45.16
辽宁省	6.73	0.1	1.41	5.22	6.28	0	0.04	0.47
吉林省	7.0	0.44	1.56	5.0	6.35	0.09	0.03	0.53
黑龙江省	7.86	0.98	2.01	4.87	6.68	0.01	0.0	1.08
江苏省	17.67	0.61	8.5	8.55	10.93	8.8	0.04	6.02
浙江省	11.01	1.14	3.0	6.6	7.09	0.9	0.03	2.71

资料来源：根据《中国高技术统计年鉴》（2016）中的数据整理。

3. 技术转移能力低

技术市场交易额（按照技术流向地域分），2015 年，吉林省技术市场交易额54. 52 亿元，排名全国第 27 位，相当于北京市的（1147. 52 亿元）4. 7%，相当于江苏省的（1016. 34 亿元）的 5. 3%，相当于辽宁省（237. 21 亿元）的 23%；比黑龙江省低 37. 72 亿元，比山西省低 53. 15 亿元，比云南省低 119. 06 亿元。而技术市场交易额按照技术输出地域分，2015 年，吉林省输出技术交易额为 26. 47 亿元，排名全国第 24 位。吉林省输出技术交易额与辽宁省差距达到 251. 02 亿元，与黑龙江省差距达到 100. 79 亿元，与江苏省差距更是拉大到 500 亿元。从技术市场交易额流入与流出分析，吉林省与发达省份，辽宁省、黑龙江省及 GDP 排名相近的省份相比存在显著差距，这与吉林省作为科教大省的地位不相符合。技术转移的另一指标是技术引进与消化能力。吉林省规模以上企业技术获取与技术改造经费支出如表 10 所示。

表 10　2015 年吉林省与其他省份规模以上企业技术获取和技术改造经费支出　单位：亿元

省份	技术引进	消化吸收	购买境内技术	技术改造
吉林	26. 84	0. 68	8. 65	28. 63
辽宁	5. 59	3. 31	6. 18	131. 2
黑龙江	2. 57	1. 67	0. 32	30. 23
江苏	36. 21	12. 46	20. 15	507. 2
浙江	12. 16	3. 57	20. 63	233. 72
山西	5. 58	0. 80	2. 0	73. 87
云南	0. 46	2. 52	0. 62	34. 79

资料来源：根据《中国高技术统计年鉴》（2016）中的数据整理。

从表 10 中规模以上企业技术获取和技术改造经费支出可以看到，吉林省规模以上企业在技术引进方面经费支出达到 26. 84 亿元，在全国排名第六位，这说明吉林省工业企业十分重视技术创新，但是体现技术转移能力的一项重要指标是消化吸收的经费支出，吉林省仅为 0. 68 亿元，排名全国第 26 位。技术消化支出费用低于黑龙江省和辽宁省，更低于其他发达省区，这充分说明吉林省规模以上企业重视技术引进但对消化吸收关注程度较低，在一定程度上弱化了企业创新能力。在引进国外技术方面，2015 年吉林省引进国外先进技术 119 项，支出经费 2. 55 亿美元，平均每个项目支出 214. 2 万美元，同期，辽宁省引进 306 项国外技术，支出经费 7. 18 亿美元，平均每个项目支出 234 万美元。

（二）实体经济面临结构性资源错配

实体经济发展要改善资源配置的结构和提升资源的使用效率。实体经济优化再平衡实质上是驱动各种要素从生产效率低的部门向生产效率高的部门流动。在实体经济优化再平衡过程中则意味着要素由虚拟经济部门向实体经济部门转移，制造业领域当中由高能耗部门向新兴产业部门转移，在工业和服务业领域由效益低的部门向效益高的部门转移。随着更多的要素向实体经济部门转移，实体经济能获得经济发展所需要的资本、技术、土地等要素，这符合供给侧改革的内涵。但是，由于多年以来实体经济在传统行业投资多，在新型行业投资少的累积性叠加效应的影响，实体经济当中的传统制造业、高耗能产业、生产效率低的部门存在结构性资源错配难题，占用了大量的生产要素，形成了不合理的要素沉淀。

1. 区域性资源错配

区域性资源错配主要出现在东北地区之间的资源竞争。2003 年以来，在振兴东北老工业基地战略提出以后，东北三省各级政府为了能够保障 GDP 的不断增长，积极争取国家资金支持，继续加大对国有企业、传统产业、高能耗行业的投资。特别是 2008 年国际金融危机发生以后又使这种发展战略模式得到进一步强化。在这种发展战略模式下，各地区都在积极争夺经济发展的资源，2003 年国家发改委确定 100 个东北老工业基地国债改造项目当中，辽宁省 52 项，黑龙江省 37 项，吉林省 11 项。[1] 但是，从投入产出的角度，虽然辽宁省和黑龙江省获得了较多的资金支持，但是并没有显现出显著高于吉林省的投资效益，反而是吉林省一些需要发展要素支持的新兴产业没有得到应有的关注，这不可避免地出现了要素在区域之间存在结构性能错配问题。

2. 行业性资源错配

为了进一步巩固重工业的产业发展体系，必须维持要素持续向这些行业集中。2012 年，在固定资产投资当中，制造业投资额达到 4150.31 亿元，其中高新技术产业投资额达到 375 亿元，占全部制造业投资总额的 9%，传统的高能耗制造业投资额达到 997 亿元，占到全部制造业固定资产投资的 24%。① 到 2016 年，在固定资产投资当中，制造业投资额达到 6011.4 亿元，其中高新技术产业投资额达到 561 亿元，占全部制造业投资总额的 9.3%，传统的高能耗制造业投资额达到 1536 亿元，占到全部制造业固定资产投资的 25.6%。② 可见，实体经济发展中的结构性失衡随着资源错配的不断累积，不仅在总量上，对于传统制造业产业的投资没有显著降低，反而进

---

① 资料来源：《吉林统计年鉴》（2013）。

② 资料来源：《吉林统计年鉴》（2017）。

一步得到强化，新兴的高新制造业虽然投资总量显著增加，但是在总量增长及比重增加方面仍然落后于传统制造业，从而进一步强化了资源在行业间的结构性错配。

（三）实体经济陷入比较优势陷阱

1. 传统实体经济比较优势逐渐削弱

吉林省传统实体经济优势主要有计划经济、产业发展和国有集体企业的体制优势支撑。1990年，吉林省实体经济的主要代表制造业实现总产值552.4亿元，产业分布在重工业和轻工业等30多个领域，其中居于主导地位的主要有交通运输设备制造业、食品工业、医药工业、有机化学工业、建筑材料工业、电器机械及器材制造业六大行业。吉林省实体经济以六大支柱产业为主，其他工业，比如农林牧渔机械制造业、饮料制造业、基本化学原料制造业、橡胶制品业、塑料工业、工业专用设备制造业、电子及通信设备制造业仪器仪表制造业等实现的产值占全部工业增加值比重均超过2%。自20世纪90年代以来，随着我国社会主义市场经济体制的建立与发展，传统以国有经济为主导的发展模式由于国企改革和其他所有制经济发展出现重大变化，一些支柱产业发展优势逐渐显现，产业集中度不断提升，另一些产业则随着市场经济发展和国内竞争加剧逐渐失去发展动力。其中交通运输设备制造业在实体经济中的支柱功能进一步提升，2000年，占到全部工业总产值的比重达到32.9%，比1990年提升了近20个百分点，石化工业也进一步加强了在实体经济发展中的地位，食品工业、医药制造业在实体经济发展中仍占有重要地位，而传统的工业专用设备制造等机械加工业在实体经济中的地位显著降低，吉林省传统支撑实体经济发展的优势逐渐削弱。①

2. 产品比较优势竞争力减弱

（1）存在初级产品比较优势陷阱。

吉林省实体经济，尤其以传统制造业为主的实体经济主要依赖于资源比较优势。吉林省农产品、有色金属矿藏、黑色金属矿藏等资源十分丰富，相应的农副产品加工业、黑色金属冶炼及压延制造业、非金属冶炼及压延制造业、石油生产加工等工业自然成为传统制造业当中的优势产业，因而也就形成了相关产业及产品的比较优势。一直以来，吉林省传统产业发展主要通过资源优势来参与国内外产品竞争，进而形成了低端产品的竞争锁定，由于吉林省传统制造业生产的初级产品在市场竞争中需求弹性较小，特别是2008年以来，受到国际金融危机的影响，国际市场大宗商品价格持续下降，并且由于吉林省传统制造业的产品一直处于产业链条的低端，因而不可避免地

① 资料来源：《吉林统计年鉴》（2001）。

出现了初级产品生产的比较优势陷阱问题。

2003 年来，虽然在吉林省以制造业为主的实体经济产业规模不断提升，但由于初级加工型产品数量多、比重大，产品附加值低；终端产品和成套产品少、科技含量高的产品少，产品创造效益能力弱，生产规模扩大与就业创造能力增长不成比例，生产规模优势没有转化为就业增长的社会效益优势。

（2）存在制成品比较优势陷阱。

从已有的理论分析，对于制成品而言，其比较陷阱多出现在引进、模仿、吸收国外先进技术期间，这一阶段正是一些国家或者地区推动产业结构优化升级或者提升在国际产业分工地位的过程之中。目前，我国装备制造业已经形成了以环渤海和长三角的核心圈，东北和珠三角地区为两翼支撑，中部和西部地区为重要补充的发展格局。[2]吉林省具有比较优势的主要是汽车、农产品加工业、化工产品、金属与非金属制品业等制成品。与国内其他地区相比，吉林省实体企业在产业基础、技术人才方面占有一定的优势，但是也存在着产业规模较小、竞争能力弱、产品单一等劣势。而事实上，吉林省传统具有比较优势的实体经济产业，尤其是一部分制造业在国内其他地区不仅有较快发展并且已经形成了竞争优势。当这些传统制造业制成品比较优势消失，并且已经在其他地区获得较快发展的基础上，原有的比较优势逐渐削弱，形成了制成品比较优势陷阱现象。

三、实现吉林省实体经济结构优化再平衡的对策

（一）必须树立实体经济立省的思想

无论是美国实施再工业化战略还是德国发展实体经济的经验及成就都表明，实体经济仍是立国之本。[3]对于吉林省而言，相比较我国东南沿海地区在产业结构优化升级过程中产生的中小企业融资难和民间资本投资难以及产业空心化趋势，吉林省尚未出现产业空心化问题，但是已经出现实体经济发展的结构性失衡问题。走沿海地区的道路还是继续发展实体经济是吉林省必须做的选择。美国实施再工业化抢占世界制造业的制高点和德国依赖实体经济度过金融危机的事实已经说明，必须树立实体经济立省的思想，将资源导向实体经济。通过对吉林省实体经济在不同产业、不同规模、不同发展阶段、不同类型进行划分，采取差别化的金融支持政策，使资源导向有利于形成经济发展新动能的实体经济。

（二）巩固和提升传统优势产业竞争能力

从发达国家制造业发展的历史进程分析，传统制造业优势产业仍是发达国家实

体经济发展支柱，只不过与传统的发展模式相比较，目前发达国家的制造业尤其是传统制造业是与新一代信息技术、人工智能相融合的制造业。在美国，钢铁、汽车、石化等传统制造业被纳入先进产业体系之中，而吉林省恰恰在这些方面在全国具备了比较优势，通过引进先进技术、人工智能、新材料、革新生产工艺等手段开发出新一代具有创新特征的产品仍然能够在行业当中具有较强的比较优势[4]。吉林省做强传统制造业，应以技术创新为关键环节，以组织和管理创新为基础，通过创新不断提升企业研发设计能力和提升品牌竞争力，不断提升供应链管理和质量管理。

（三）支持中小企业创新

支持中小企业尤其是创新型中小企业发展是提升实体经济竞争力的有效手段。德国在鼓励中小企业发展过程中采取了企业与科研机构大学联合、中小企业建立科研联盟等措施。吉林省要实现中小企业创新需要提供有效的平台体系，为中小企业实现创新提供基础。鼓励和支持在主导产业、特色产业和产业集群中，发展面向中小企业的技术研发中心、产品检测中心、模具中心、产业信息中心、人才培训中心等生产性服务平台，努力满足企业的共性技术需求和公共服务需要，实现技术、人才、信息等资源共享。

（四）发展先进制造业

发展先进制造业不仅能进一步强化产业结构的阶段性水平特征，而且先进制造业本身又具有关联度高、分工精细、协作性强的特点。吉林省发展先进制造业应立足于区位优势、产业基础、资源条件等。一是选择重点产业，尤其将精密机械制造、电力设备制造等能代表吉林省先进制造业方向，又能带动吉林省产业结构优化升级的产业纳入长期发展规划。以增强自主创新能力为基础，以国际先进标准为着眼点，通过不断进行技术创新逐渐掌握核心技术，提升以先进制造业为代表的产业结构层次，提高吉林省整体产业的核心竞争能力。二是利用吉林省汽车产业发展的优势，发展高端零部件产业，尤其是高端汽车电子产业，提高吉林省汽车零部件产业的配套能力，延长产业发展链条。以“引进来”和“走出去”相结合的方式，重点发展与汽车零部件生产相关的技术等级高、附加值率高的精密和智能加工设备，形成具有行业优势的先进制造业创新发展模式。

（五）发展新兴产业

发展新兴产业尤其是发展具有国际前沿领域内的光电子信息、生物制药、新型能源、新材料等新兴产业对于优化吉林省整体产业结构水平的提高有着重要的意义。一是重点加强高新技术产业基地建设。重点支持长春、吉林高新技术产业带的形成与发展。二是发挥优势条件，突出重点产业。以汽车工业的优势条件，发展新型材料和新能源项目；以光电子研究的优势条件，重点发展光电子信息产业；以吉林省生物资源的优势，发展生物工程。这些产业发展都代表了产业结构优化升级的主要方向，且这些产业在吉林省都具有一定的发展基础，有充分的资源条件的保障，有科技与人才的有力支撑，因而要突出重点产业发展，利用优势条件，尽快占领产业结构优化升级的制高点。三是项目引进与自主创新发展相结合。以项目建设为突破，是实现产业结构优化升级的主要途径之一。在促进产业结构优化升级的过程中，项目引进应着重体现产业发展的方向，能与吉林省产业发展的优势条件和基础相衔接，以自主创新和项目引进为主要方式，实现吉林省高新技术产业快速发展。四是构建有利于高新技术发展和增强自主创新能力的政策体系与发展环境，建立以企业为中心的技术创新与开发机制，提升吉林省产业发展的整体水平。

参考文献

［1］王利国．东北“项目怪圈”现象思考［J］．吉林财税，2003（12）：24－25.

［2］中国装备制造业已初步形成五大产业集聚区［EB/OL］．http：//bg.qianzhan.com.

［3］徐占忱，刘向东．借鉴德国经验　做大做强我国实体经济［J］．宏观经济管理，2012（11）：83－84.

［4］和军，樊寒伟．2004—2014年全国四大区域全面小康建设比较研究［J］．中国特色社会主义研究，2016（1）：47－54.

Research on the Path of Substantial Economy Structure Optimization and Rebalance in Jilin Province

Li Gang　Jin Zhaohuai

Abstract: At present, the imbalance of the substantial economy structure in Jilin Province is the interaction of the imbalance of internal structure and external structure in the total imbalance. It shows not only the imbalance of the internal structure such as the total structure of manufacturing industry, the industry and the efficiency structure of service industry, but also the imbalance of the external structure between financial supply and the demand of substantial economy. Although the imbalance of the substantial economic structure in Jilin Province is affected by the changes of economic cycle and total quantity, the structural imbalance is the root cause. Therefore, measures should be taken from the supply side and structural reform to achieve structural optimization and rebalance.

Keywords: Jilin Province Substantial Economy Structure Rebalance

基于因子分析法的沈阳市政务微博影响力评价与比较研究

孟迎辉　和逸群*

摘　要：进入中国特色社会主义新时代以来，我国不断推进行政体制的改革，政民之间的互动也变得越来越重要。在这种情形下，政务微博的作用也在不断凸显。本文以沈阳市政务微博为研究对象，从传播性和互动性等方面与18个其他市级政务微博的影响力进行比较与研究，在21个市级政务微博中，共选取了6个指标，构建各市政务微博影响力的评价指标，运用SPSS 17.0统计软件对各指标进行因子分析，从而得出各市政务微博影响力的综合排名并对此进行比较分析，以此给出相对应的建议。

关键词：政务微博　沈阳市　因子分析法

随着互联网普及应用和信息时代的到来，建立在移动终端上的全新政务方式——政务微博出现，它在对传统政务进行不断改革与创新的基础上，实现了结构优化重组，将其管理和服务职能进行集成，打破了时间和空间的障碍，从而有助于政府与公民的沟通，减少了不必要的环节，大大节约了人力、物力和时间等，并且还保障了公民参政议政的权利，充分体现了人民当家做主，从而更好地推动我国服务型政府的建设。

一、国内外研究综述

（一）国内研究综述

赵阿敏（2014）通过因子分析法和聚类分析法对政务微博的影响力进行评价研

* 孟迎辉（1965—），辽宁沈阳人，沈阳师范大学管理学院教授，博士，研究方向：行政管理的理论与实践，电子邮箱：mengyh2011@126.com；和逸群（1994—），辽宁沈阳人，沈阳师范大学管理学院硕士研究生，研究方向：行政管理的理论与实践，电子邮箱：1402407278@qq.com。

究，把16个省的政务微博作为研究样本，并得出当下各省政务微博发展差距较大，能够起到模范作用的政务微博较少的结论。包明林（2015）通过因子分析法，把影响政务微博服务质量的因素划分出了5个主要方面，构建了政务微博服务质量评价的指标体系，从科技竞争环境、科技创新环境、竞争机构和人才这几个方面，对现代科技进行研究分析。白建磊（2017）对国内外政务微博进行回顾和展望，指出当下政务微博缺乏科学性、严谨性、双向互动性等局限性。罗兰（2018）认为政务微博的开通减少了政府与公众的沟通成本，但在运营能力和发展均衡方面存在不足，并提出了相应的对策。沙勇忠（2018），运用社会网络分析方法，从宏观、微观等方面分析我国政务微博网络的总体特征和影响力，并对其发展提出了相应的建议。杨长春（2018）认为政务微博对于加强政府与网民之间的互动、舆情控制具有重要的作用。通过将H指数运用到微博影响力的相关研究，同时运用层次分析法（AHP）确定各指标权重并进行实证分析，以此得出政务微博更应该注重信息发布的及时性和准确性。孙飞显（2018）以河南省政务微博为例，从传播力、互动力、服务力三个方面对河南省政务微博进行实证分析，并以此得出河南省政务微博存在的问题和相应的解决对策。陈强（2019）把191份政务微博政策文件作为研究对象，认为我国政务微博管理政策在账号管理、内容管理、互动性、资源配置合理化、法律和绩效等方面呈现不均衡的发展态势，并提出了相关的优化路径。

（二）国外研究综述

诺亚·阿哈罗尼（Noa Aharony，2012）运用统计描述性分析和内容分析对以色列总理本雅明·内塔尼亚胡、英国首相戴维·卡梅伦、美利坚合众国总统巴拉克·奥巴马三位政治领导人在2010年8～10月之间的Twitter进行分析，得出Twitter应该更多应用于政治舞台上。卡恩等（Klan et al.，2014）以韩国公共部门G2C和G2G关系中的社交媒体使用模式和策略为主要调查对象，并通过描述性统计分析和社交网络分析来审查网络模式和网络策略，以映射政府的Twitter活动。

二、相关理论

（一）因子分析法概念及其用途

1. 因子分析法的概念

因子分析最早由英国心理学家C. E. 斯皮尔曼提出。因子分析的主要目的就是利用几个因子去论述多个指标或者因子之间的关系，也就是说将几个相关程度大的变量整合到一个类别当中，每一类变量就形成一个因子，这些较少的几个因子可以反映原始变量的绝大部分信息。通过因子分析，不仅可以简化数据、明确事物的主要特点，而且还可以对一些不可测量的变量进行有效分析。

因子分析模型描述如下：

$$\begin{cases} X_1 = a_{11}f_1 + a_{12}f_2 + \cdots + a_{1m}f_m + \varepsilon_1 \\ X_2 = a_{21}f_1 + a_{22}f_2 + \cdots + a_{2m}f_m + \varepsilon_2 \\ \cdots\cdots \\ X_p = a_{p1}f_1 + a_{p2}f_2 + \cdots + a_{pm}f_m + \varepsilon_p \end{cases} \tag{1}$$

其中，f_1，f_2，…，f_m（$m<p$）为公共因子，ε_1，ε_2，…，ε_p 为特殊因子，f_1，f_2，…，f_m 为公共因子，出现在每一个原始变量 X_i（$i=1$，2，…，p）的表达式中，可以理解为原始变量共同具有的公共因素，每个公共因子 f_j（$j=1$，2，…，m）一般至少对两个原始变量有作用，否则它将归入特殊因子，每个特殊因子 ε_i（$i=1$，2，…，p）仅仅出现在与之相应的第 i 个原始变量 X_i 的表达式中，它只对这个原始变量有作用，可将式（1）写成矩阵表示形式：

$$X = AF + \varepsilon$$

其中 $F=(f_1, f_2, \cdots, f_m)^T$ 为公共因子向量，$\varepsilon=(\varepsilon_1, \varepsilon_2, \cdots, \varepsilon_p)^T$ 为特殊因子向量。

2. 因子分析法的用途

首先，是为了减少之后进行分析变量的个数。其次，通过对变量之间以及相关关系的分析，将具有相关性的原始数据进行分组，也就是将相关性高的变量分为一组，用共性因子来代替该变量。最后，运用因子分析法可以使问题背后的业务因素的意义更加清晰地呈现。

（二）政务微博的概念

截至目前，依然没有一个统一的定义去界定政务微博的概念。陈文权认为政务微博是政府机构及其他公共组织在微博信息平台注册的、经过实名信息认证的、发布相关政务管理以及公共服务等信息的微博。李晓娜认为政务微博是电子政务功能的延伸。是政务公开的另一种方式，是党和政府更好与民众交流的渠道。其目的主要是通过线上与民众进行在线互动，构建一个社会化参政、议政、问政的网络交流模式与平台。《2018 年度人民日报政务指数 · 微博影响力报告》指出，2018 年政务微博的阅读总量超过了 3890 亿，在政务公开、与民互动、政务服务、合理运营等方面都有极大的改善，进一步彰显了政务微博的自身价值，使其能够继续在政务新媒体中发挥重要作用。也就是说，政务微博的影响力在不断扩大。

（三）政务微博的特点

1. 传播速度具有及时性

这里的及时性主要体现在遇到突发事件或者时下热点事情时，政府运用媒介及时引导舆论的走向，防止产生谣言和负面影响，以免引起人们不必要的恐慌或其他情绪。2014 年的最后一天晚上，在上海外滩发生了严重的踩踏事故，导致 36 人死亡，多人受伤。事故发生之后，政府最应该及时发布微博以解释事故发生的缘由，但相关政府和部门并没有及时发布微博，使得网民相信了各种不实传言并发布在各个公众平台上，不仅对社会造成了很大的负面影响，也对政府形象产生了一定的负面影响。①

2. 传播主体具有官方性

政务微博与普通微博的区别在于，政务微博是经过认证的官方微博，具有官方性、权威性、正确性。政务微博的开通是为了增加政府的公信力、透明度。其发布的内容应该是经过审核并且证实过的信息。

3. 传播过程具有互动性

与传统的信息发布相比，微博的特色在于可以随时随地与民众进行互动。打破了之前主体单方面的发布，而转向双向互动。在一定程度上，更好地促进了政民融合，在与民众互动的同时也提升了民众对政府的亲切感和信任度。

（四）政务微博发展现状

1. 认证微博数量多

根据调查显示，2018 年上半年我国政务微博认证数量达到 17.58 万个，相比 2017 年年底数量增加了 2231 个。其中，2018 年 6 月，新浪政务微博的认证数量已经达到了 13.77 万个。

2. 覆盖范围广但发展不均衡

截至 2018 年 6 月，我国各个省份都已开通政务微博，其中排名第一的河南省政务微博开通数量达到了 10563 个。而排名最后的西藏自治区只开通了 306 个政务微博。数量相差很大。根据分省政务机构微博分布（见图 1）可以看出，广东、江苏、山东、浙江等地的政务机构微博开通较多，具有很强的影响力。而排名较后的宁夏、青海、西藏等地的政务机构微博开通较少。综上说明，政务机构微博在东部沿海发展

---

① 人民网．上海外滩拥挤踩踏事件调查报告全文［EB/OL］. http：//politics. people. com. cn/n/2015/0121/c1001 - 26424342. html，2019 - 01 - 21.

领先，而西部地区在政务机构微博的开通方面较落后。

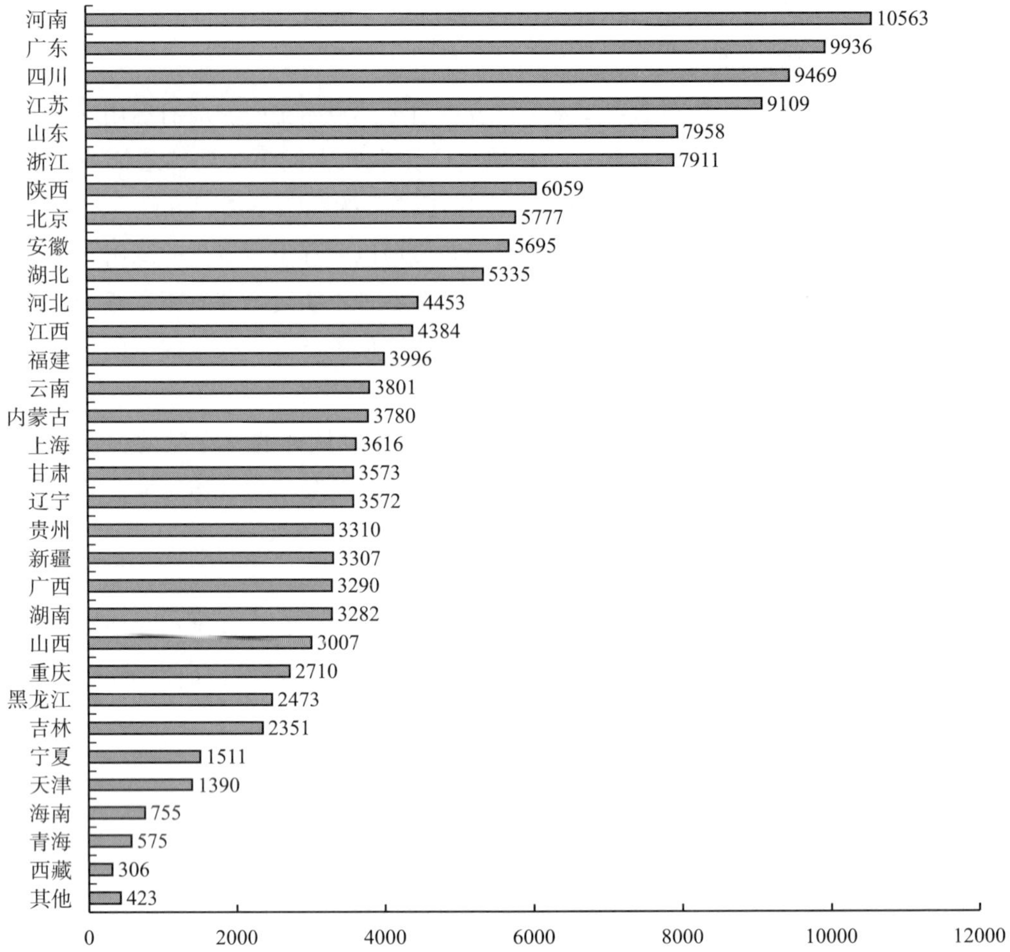

图 1　分省政务机构微博分布

资料来源：新浪微博。

3. 行政级别分布合理

截至 2018 年 6 月，我国省部级行政机构共开通政务机构微博 172 个、厅局级机构共开通 2623 个政务微博、县处级行政机构开通 14036 个政务微博、县处级以下行政机构共开通 120846 个政务机构微博，地方政务信息线上化工作成效明显。充分体现了我国政务微博数量分布呈金字塔型的优势，也说明出我国在不断地简政放权（见图 2）。

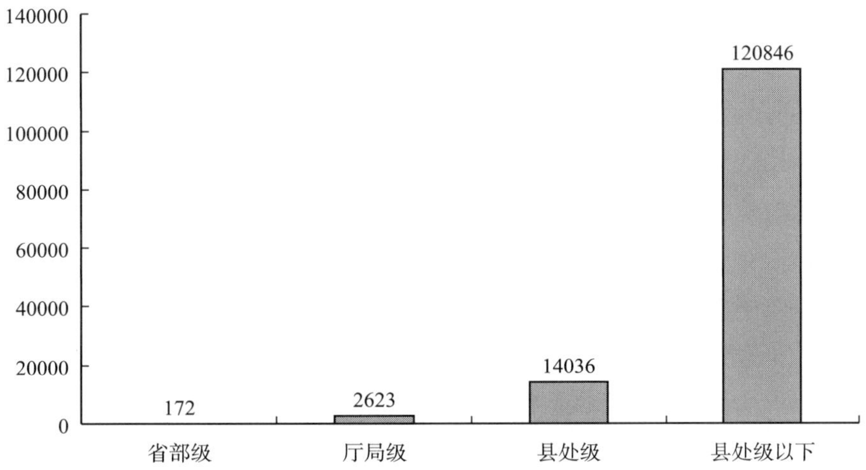

图 2　各行政级别政务机构微博数量

资料来源：新浪微博。

4. 影响力逐步扩大

截至 2018 年 6 月，政府、社会团体、党委、检察院等机构相继开通政务微博。其中，政府开通的政务微博数量最多，共开通 89832 个，其次为社会团体，共开通 34141 个。政府开通的机构类政务微博中，包括公安、外宣、基层组织、卫计、司法行政、交通运输和旅游机构等服务类型，其中公安开设的政务微博最多，为 19476 个（见表 1）。

表 1　机构类政务微博领域

一级分类	总数	占比（%）	二级分类	总数
政府	89832	65. 2	公安	19476
			外宣	11053
			基层组织	8030
			卫计	5002
			司法行政	3684
			交通运输	2892
			旅游机构	2892
			团委	30833
社会团体	34141	24. 8		
党委	5340	3. 9		
检察院	3725	2. 7		
法院	3596	2. 6		

资料来源：新浪微博。

（五）政务微博的功能

1. 收集和了解民众意见的重要渠道

在过去，民众与政府主要通过电话、信件或者到行政部门等方式进行沟通，这样既浪费精力也浪费时间。政务微博出现之后，民众可以在微博移动平台上与政府人员进行实时互动，对于民众的需求和想法，政府也可以第一时间知道，这样不仅有利于提高行政办事效率而且还有利于构建人民满意的服务型政府。

2. 及时发布信息的移动平台

微博的出现就是网民可以随时随地分享身边的事情，那么政务微博的出现就是政府要随时随地分享与民众相关的信息、政策的改变或者新颁布的政策等信息，让民众可以及时掌握到信息，而不需要再通过电视或者报纸来了解信息。

3. 引导舆论走向

面对突发事件时，民众往往会产生恐慌心理，这就会导致轻信身边的传言或者网上的流言。而我国政务微博拥有众多的粉丝数量，各级政府可以通过自己的微博及时发布实情，提出解决方案，缓和人们的恐慌心理，引导事件朝着好的方向发展。

三、沈阳市政务微博评价指标体系构建

（一）指标选取与数据来源

根据调查显示，2018 年上半年我国政务微博认证数量达到 17.58 万个，而同年 6 月新浪政务微博的认证数量已经达到了 13.77 万个。因此，本文的数据大多来源于新浪微博。但由于各市政务微博数量繁多，本文根据《2018 年三季度人民日报·政务指数微博影响力报告》从中选取沈阳市公安局、沈阳发布、沈阳环保、平安南京、南京交警、南京环保、深圳公安、深圳微博发布厅、深圳交警、大连户口身份证、大连公安、大连交警、苏州公安、苏州交警、广州公安、广州交警、中国广州发布、宁波发布、宁波交警、宁波公安等 21 个政务微博作为研究对象，并选取 6 项指标作为原始变量，建立各市政务微博影响力评价指标（见表 2），并通过 SPSS 17.0 软件对所需数据进行因子分析。并且在此基础上将沈阳市各政务微博与其他 7 市政务微博进行对比分析。其中，指标的类型有：关注数 X1；粉丝数 X2；被转发数 X3；被评论数 X4；被点赞数 X5；转发数 X6。数据汇总时间为 2019 年 1 月 1 日 ~2019 年 2 月 4 日。

表 2　　沈阳市政务微博影响力评价指标

指标名称	指标解释
关注数 X1	政务微博在数据收集时间段内关注其他微博的数量
粉丝数 X2	政务微博在数据收集时间段内所拥有的人气值
被转发数 X3	政务微博在数据收集时间段内所发微博的被转发数量
被评论数 X4	政务微博在数据收集时间段内所发微博的被评论数量
被点赞数 X5	政务微博在数据收集时间段内所发微博的被点赞数量
转发数 X6	政务微博在数据收集时间段内所转发其他用户微博的数量

（二）数据分析

1. KMO 和 Bartlett 的检验

KMO 检验统计量主要用于分析比较变量之间简单相关系数和偏相关系数的指标，当 KMO 值接近 1 时，意味着各变量之间的相关性程度越强，原始变量做因子分析呈现的效果就越好。当 KMO 值小于 0. 5 时，则说明原始变量不适合做因子分析。Bartlett 球形度是检验各变量是否各自独立，是否为单位阵。若 Bartlett 值越接近于 0，意味着各变量越独立，也就是说可以做因子分析。本文通过对沈阳市政务微博的 6 项指标进行检验，分析结果如表 3 所示。

表 3　　KMO 和 Bartlett 的检验

取样足够度的 Kaiser – Meyer – Olkin 度量		0. 636
Bartlett 的球形度检验	近似卡方	77. 116
	df	15
	Sig.	0. 000

通过对 6 项指标进行检验，结果显示 KMO 的值为 0. 636，大于临界值 0. 5，说明各变量之间有一定的相关性。同时，Bartlett 的球形度检验的 P 值为 0. 000，小于 0. 05，说明各变量独立。综上所述，原始变量适合做因子分析。

2. 特征值、方差贡献率和碎石图

利用主成分分析，对初始特征值进行方差累计贡献率，再提取平方和载入，对因子进行第一次旋转平方和，得到表 4。根据表 4 中的初始特征值和贡献率可以看出，前两个因子的累计方差贡献率是 74. 267%，并且特征值都大于 1，意味着前两个因子可以很好地解释原始变量的相关信息。

表 4　　解释的总方差

成分	初始特征值			提取平方和载入			旋转平方和载入		
	合计	方差的百分比（%）	累积百分比（%）	合计	方差的百分比（%）	累积百分比（%）	合计	方差的百分比（%）	累积百分比（%）
1	3. 320	55. 340	55. 340	3. 320	55. 340	55. 340	3. 101	51. 677	51. 677
2	1. 136	18. 927	74. 267	1. 136	18. 927	74. 267	1. 355	22. 590	74. 267
3	0. 961	16. 010	90. 278						
4	0. 393	6. 552	96. 829						
5	0. 130	2. 160	98. 989						
6	0. 061	1. 011	100. 000						

提取方法：主成分分析。

从图 3 我们也可以看出前两个成分大于 1 且比较陡峭，从第三个成分开始趋于平缓，这同样说明前两个因子解释原始变量信息具有一定的代表性。

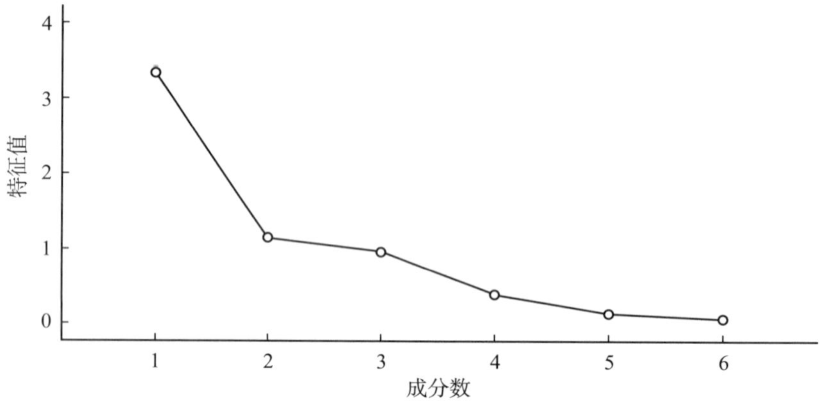

图 3　各成分碎石图

根据表 5 可知：成分 1 分别在 X4、X5 和 X6 这 3 个指标上的载荷数较高。这三个因子主要代表的是政务微博的被评论数、被转发数和被点赞数的情况。所以，可以把成分 1 认为是影响各市政务微博传播性的硬性因子。成分 2 分别在 X2、X3 和 X1 上有比较高的载荷数。这三个因子主要代表的是政务微博的粉丝数、关注数和被转发数的情况。所以，可以把成分 2 认为是影响各市政务微博互动性的硬性因子。

根据表 5 可以得知各因子的得分函数，分别如下：

$$F1 = 0.025X1 + 0.224X2 + 0.744X3 + 0.970X4 + 0.913X5 + 0.850X6$$

$$F2 = 0.774X1 + 0.807X2 + 0.253X3 + 0.107X4 + 0.172X5 + 0.009X6$$

表 5　　旋转成分矩阵 a

	成分	
	1	2
X4	0.970	0.107
X5	0.913	0.172
X6	0.850	0.009
X3	0.744	0.253
X2	0.224	0.807
X1	0.025	0.774

提取方法：主成分分析法。
旋转法：具有 Kaiser 标准化的正交旋转法。
a. 旋转在 3 次迭代后收敛。

3. 因子得分和综合排名

根据各因子的得分函数可以计算出 21 个城市政务微博的各个公因子得分（见表 6），对原始数值进行标准化之后，再对表 4 的方差贡献率进行归一化处理，得出综合得分函数。

表 6　　沈阳市政务微博影响力因子得分和综合排名

政务微博用户	FAC1 - 1	FAC1 - 1 排名	FAC2 - 1	FAC2 - 1 排名	综合得分	综合排名
沈阳市公安局	-0.31652	13	-0.07171	8	-0.24	12
沈阳发布	0.92182	2	-0.15769	12	0.60	3
沈阳环保	-0.77096	21	-0.23973	13	-0.61	18
平安南京	0.16294	5	-0.11450	10	0.08	8
南京交警	0.34385	3	-0.02749	7	0.23	7
南京环保	-0.27290	12	-0.75340	16	-0.42	15
深圳公安	-0.10624	9	1.18092	2	0.28	5
深圳微博发布厅	-0.45910	15	0.48593	6	-0.18	11
深圳交警	3.99455	1	-0.36525	14	2.69	1
大连户口身份证	-0.57482	18	-0.79204	18	-0.64	19
大连公安	-0.44020	14	0.51940	5	-0.15	10
大连交警	-0.52666	16	-1.50669	21	-0.82	21
苏州公安	-0.07452	8	1.06064	4	0.27	6

续表

政务微博用户	FAC1 -1	FAC1 -1 排名	FAC2 -1	FAC2 -1 排名	综合得分	综合排名
苏州发布	0.02741	6	-0.13374	11	-0.02	9
苏州交警	-0.14231	10	-0.76089	17	-0.33	14
广州公安	-0.24337	11	3.04314	1	0.74	2
广州交警	-0.67523	20	-0.08667	9	-0.50	16
中国广州发布	0.30242	4	1.14194	3	0.55	4
宁波发布	-0.53373	17	-0.49118	15	-0.52	17
宁波交警	-0.03586	7	-0.96253	19	-0.31	13
宁波公安	-0.58057	19	-0.96847	20	-0.70	20

4. 结果分析

根据表6可以看出在传播性方面排在前五名的分别是：深圳交警、沈阳发布、南京交警、中国广州发布、平安南京，这就表示民众对以上政务微博发布的信息感兴趣，愿意转发和评论等，这也就提高了人民群众参与政治活动的积极性，勇于献出自己的建议与意见，从而政府可以更好地为人民服务。而宁波公安、广州交警和沈阳环保在传播性方面的得分偏低且排名靠后，这就表示民众对其发布的信息兴趣不大，这就不利于政府了解人民的想法，不利于构建人民满意的服务型政府。其中，可以看出沈阳发布在传播性方面优于表中大部分政务微博的传播性，但沈阳市公安局和沈阳环保在传播性方面排名相对靠后。我们还可以看出广州公安、深圳公安、中国广州发布、苏州公安和沈阳环保在互动性方面排名靠前，这就表示民众与该官方政务微博互动次数多，有助于实现网上互动问政，提升政府在人民心中的公信力。反之，宁波交警、宁波公安和大连交警在互动性方面排名靠后，这就表示网民与该政务微博互动次数不多，这就不利于实现网上互动问政，也不利于提高人民对政府的好感度。其中，可以看出沈阳环保在互动性方面处于表中其他政务微博的前面，但沈阳发布和沈阳市公安局在互动性方面相对较弱。

从综合得分和排名看出，排名第一的综合得分为2.69，而排名最后的综合得分为-0.82。这说明各市政务微博影响力存在较大的差距，发展不均衡。其排名依次是深圳交警、广州公安、沈阳发布、中国广州发布、深圳公安、苏州公安、南京交警、平安南京、苏州发布、大连公安、深圳微博发布厅、沈阳市公安局、宁波交警、苏州交警、南京环保、广州交警、宁波发布、沈阳环保、大连户口身份证、宁波公安、大连交警。其中共有8个政务微博的综合得分大于0，这就表明其影响力水平高于平均水平。其余政务微博的综合得分小于0，这就说明其影响力相对有些差。从综合排名和综合得分还可以看出，排名靠前的一般来自深圳、广州和南京。这主要是由于深圳、广州、南京等具备良好的经济优势、技术优势和人才优势。因此在政务微博运营管理方面就具备一定的优势，使得其地区政务微博更加具有影响力。综上，可以看出沈阳市政务微博存在的一些问题：

（1）发布内容方面。

从转发微博的数量和被转发微博的数量上看，虽然沈阳发布的排名远高于其他城市，但沈阳环保和沈阳市公安局却在这方面做得不够完善，沈阳各政务微博之间的发展存在一定的差距。从因子值看出，沈阳环保的值为 -0. 77096，沈阳市公安局的值为 -0. 31652，其因子值均为负数，影响力水平低于平均水平，由此可以看出，沈阳环保和沈阳市公安局在微博的内容方面没有足够吸引民众的注意力，不能调动民众参与的积极性。不利于沈阳构建人民满意的服务型政府。

（2）互动性方面。

无论是从粉丝数还是关注其他博主的数量来看，沈阳市公安局和沈阳发布在这方面做得不够完善。从因子值看出，沈阳公安局、沈阳发布、沈阳环保均为负数，数值分别为： -0. 07171、 -0. 15769、 -0. 23973。说明它们在互动方面的影响水平都低于平均水平，由此可以看出，沈阳市各政务微博在双向互动方面较差，同时宣传力度也不够。综上所述，沈阳市政务微博就要不断提升自己的影响力，定时与民众进行互动，提升沈阳市政务微博的综合排名。

四、对策建议

（一）加强沈阳市政务微博内容建设

首先，政府发布的内容要真实、贴切。政府发表的内容在人民心中具有权威性，不能随意转发没有核实的消息等。所以政府部门应该加强对政务微博的重视，定期对政务微博进行宣传，借助各种宣传渠道普及政务微博的应用。例如，借助沈阳市电视台的电视节目，在电视节目当中加入沈阳市政务微博的二维码等宣传渠道。其次，政府发布微博的内容形式应多样性。单纯的发布文字信息，可能不会吸引更多的网民关注。随着科技的发展，政府可以采取视频、Flash、图片等方式宣传自己想要发布的信息。这既能拉近政府与民众之间的关系，又能达到良好的宣传效果。同时，政府不仅要注重微博的数量，也要注重质量。各政府部门不应该只关注粉丝的数量，也应增加发微博的频数，既要积极转发相关微博也要注重原创微博的数量，同时，发布微博的内容也要与新时代主题相切合、关注实事、贴近民生、解决网民当下关心的问题，加强政府与网民之间的互动，提升民众的幸福感和获得感，创新服务形式、提升服务水平，这样才能提高政务微博的影响力。

（二）加强政务微博人才培养

政务微博的优势在于可以随时随地进行参与讨论，而在网民参与讨论的同时政府也应该做出及时的回复，这就需要专业人员来管理政务微博，才能做到及时与民众进行沟通。也就是要求管理微博的人员要具备相应的专业知识、良好的沟通能力以及责任心，等等。首先，要打造一支具有专业知识的人才队伍，推动相关管理人员不断学习专业知识、掌握新技能、增强突发事件处理能力等，以更好地运作政务微博。其次，要制定完善的政务微博人员从业机制，以便管理人员可以尽快对民众提出的疑问做出更及时、更专业的回答，以此提升政府在人民心中的公信力和影响力。政府的财政部门要加强对本地区的技术支持和资金投入，让其可以去学习相关的应用，更好地运营政务微博。

（三）建立相关人员考核机制

要真正发挥好政务微博的作用，推动政务微博健康发展，就要建立相关的人事考核制度和明确的奖惩机制。所以，我国政府应该加强对政务微博管理人员工作的监督，健全相关部门的绩效考核制度。例如，可以设立网民打分制度。网民可以根据政务微博管理人员与自己沟通和交流的过程，在结束私信的时候，进行相应的打分。对于分数较高的、及时回应的管理人员应该进行相应的物质奖励、精神奖励等。对于分数较低的、不及时回应网民的管理人员进行相应的惩罚。例如，口头警告、公示批评、严重的可以辞退等。这样不仅可以对相关人员起到约束作用，同时也提高了相关人员和网民的积极性，有利于网络问政的建设。

（四）提高公民的网络技术水平和参政意识

随着时代和科技的发展，政务微博发挥的作用也不断凸显。但光靠政府发布微博而公民不积极参与，提出建议与意见，那么政务微博的开通就会降低其本身的价值。有的官方微博虽然粉丝数量很多，但其发布微博的评论数量有时候超不过一百条，这样的单方面传递信息，减少了政务微博的实际影响力。公民只有积极主动地参与政治生活，才能够发挥政务微博的真正价值。这就需要逐步提高全体公民的网络技术水平和参政议政的意识，无论是青少年还是老年人都应该主动积极献出自己的建议，起到监督的作用，加快建设人民满意的服务型政府。

（五）建立相关机制，提升互动指数

首先，政府要了解民意、倾听民意。当公民对当地政府提出意见或建议时，政府应该及时了解情况，制订解决方案，不断改进自身工作。其次，政务微博的管理人员应做到及时回复网民的评论，提升民众对政府的公信力。所以，当公民在网上表达合理诉求时，政府应该及时回应。最后，政府应该定期在微博与民众进行实时互动，以便更了解民众当下关注的实事以及担心的问题，提升民众对政府的信任。

（六）加快宣传"工作"的转型升级

在"互联网＋"时代的背景下，政府既要充分尊重网民交流思想、表达意愿的权利，同时也要营造良好的网络环境，更好地保障广大网民的合法权益。传播形式和表达方式的不同，就会造成不同的结果。这就要求政府不能仅仅停留在传统的传播形式和表达方式上，要升级成为网民喜闻乐见的宣传方式。首先，宣传的内容要更加贴近大众生活、更加真实等。其次，可以采用游戏互动、转发抽奖等方式，来宣传政府的形象。例如，北京 3 月 18 日一条"转发送电子票"的微博就是吸引民众的政务微博宣传技巧方式。

（七）强化服务功能，提高服务效率

政府应当充分利用政务微博，简化各地方一些线上的窗口。首先，可以在地方政务微博下增设查询服务功能。对于一些简单的问题可以设置自动回复功能，对于一些需要人工回复的事情，就需要专门的管理人员定时进行查看。这样不仅节省了民众的时间，也减少了线上窗口的压力，同时也大大提高了行政办事效率。不但节省了人力和财力，同时也方便了民众。其次，可以在当地政府微博设置投诉功能。在汲取民众的意见之后，不仅可以更好地完善政府自身，同时也有利于建设人民满意的服务型政府。

五、结　论

政务微博作为连接政府和公民在线上沟通的纽带之一，在推进国家治理、社会治理和治理能力现代化当中发挥着重要的作用。应该充分利用其自身的优势，提升民众对政府的满意度与公信力。从而使民众有更多的获得感和幸福感。因此，沈阳市政务微博应该发布更加真实、亲民、热点的信息与话题，同时鼓励民众积极参与到话题的讨论当中去，提升双向互动，更好地发挥政务微博的价值，从而激发广大人民的积极性，提升政府自身的影响力，构建人民满意的服务型政府。

参考文献

[1] 赵阿敏，曹桂全．政务微博影响力评价与比较实证研究——基于因子分析和聚类分析［J］．情报杂志，2014（3）：110.

[2] 白建磊，张梦霞．国内外政务微博研究的回顾与展望［J］．图书情报知识，2017（3）：268.

[3] 罗兰．电子政务视角下的政府管理创新研究——以政务微博为例［J］．民营科技，2018（12）：7.

[4] 包明林，刘蓉，邹凯，周军．政务微博服务质量评价指标体系研究［J］．现代情报，2015，35（9）：97.

[5] 陈强，苏有丽．中国省级政府微博的社会网络分析［J］．暨南学报（哲学社会科学版），2018（6）：125－126.

[6] 杨长春，王睿．基于H指数的政务微博影响力平价研究［J］．现代情报，2018，38（3）：110－111.

[7] 陈强，王倩茹．中国政务微博管理政策的内容维度及优化方向［J］．西安交通大学学报（社会科学版），2019，1（11）.

[8] Aharony. Noa，Twitter use by three political leaders：An exploratory analysis［J］. Online Information Review，2012，36（4）：587－603.

[9] Gohar Feroz Khan，Ho Young Yoon.，Kim，Jiyoung.，Han Woo Park. From e-government to social government：Twitter use by korea's central government［J］. Online Information Review，2014，38（1）：95－113.

[10] 陈文权，李晓娜．政务微博对中国政府管理的影响及对策探讨［J］．电子政务，2015（4）：38.

[11] 李晓娜，陈文权．我国政务微博发展现状及理论研究综述［J］．云南行政学院学报，2014（4）：89.

[12] 金婷．电子政务视角下的政府管理创新研究——以政务微博为例［J］．民营科技，2018（12）：7.

[13] 人民网舆情监控室．2018年度人民日报政务指数·微博影响力报告［EB/OL］．人民网，http：//xj. people. com. cn/n2/2019/0122/c188514－32563247. html，2019－01－09.

[14] 姜美洁．基于因子分析下政务微信影响因子研究［J］．新闻研究，2015（13）：268.

[15] 王锁柱，葛燕，赵倩．基于粗糙集的政务微博影响力评估方法及实证研究[J]．数学的实践与认识，2018（22）：76.

[16] 孙飞显，靳晓婷，李伟亚，张静．河南省政务微博竞争力研究［J］．平顶山学院学报，2018，33（6）：62－66.

[17] 方宇通．基于因子分析法的政务微博影响力评价研究——来自宁波的经验数据［J］．宁波广播电视大学学报，2015（13）：11－12.

[18] 农云霞．基于因子分析法的河北省电子政务绩效评估研究［D］．燕山大学学位论文，2017.

[19] 魏颖．政务微博运营管理研究［M］．北京：中国发展出版社，2017：52－59.

Evaluation and Comparative Study on the Influence of Shenyang Government Microblog Based on Factor Analysis

Meng Yinghui　He Yiqun

Abstract: Since entering the new era of socialism with Chinese characteristics, China has continuously promoted the reform of the administrative system, and the interaction between the government and the people has become more and more important. In this case, the role of government microblogging is also constantly highlighted. This paper takes Shenyang Government Microblog as the research object, compares and studies the influence of 18 other municipal government microblogs from the aspects of communication and interaction, and selects 6 in 21 municipal government microblogs. The indicators are used to construct the evaluation indicators of the influence of each municipal microblog. The SPSS 17.0 statistical software is used to analyze the factors of each index, so as to obtain the comprehensive ranking of the influence of each municipal microblog and compare and analyze it, and put forward relevant suggestions.

Keywords: Government Microblog　Shenyang City　Factor Analysis

中国海洋经济政策演变的过程与趋势

——基于中国262项海洋经济政策的实证分析*

孙才志　王甲君**

摘　要： 发展海洋经济已上升为国家战略，制度变迁能满足海洋经济对制度供给的需求。本文以新中国成立以来的社会历史进程为线索，以海洋经济政策的内容类别和法律效力为基本维度，筛选了262项政策样木，并进行多维度数量统计，重点分析了改革开放以来海洋经济政策演变的过程与趋势；其中，引入制度变迁理论，分析其整体演变特征。研究发现：1949～2017年中国海洋经济政策的演变过程可分为六个阶段；其演变特征体现出适应性效率显著提升、变迁过程的渐进性及变迁的路径依赖性；且其呈现出从"主要海洋产业政策"单向推进向"主要海洋产业政策"和"海洋科技管理服务业政策"协同，从"政府调控"向"市场调节"和"政府调控"协同，从单项政策向政策组合转变的发展趋势。最后综合以上分析，提出四个方面的重点政策建议。

关键词： 海洋经济政策　演变过程与特征　演变趋势　中国

改革开放40多年来，中国经济取得了举世瞩目的成绩。然而不断增长的人口和长期粗放的发展方式使得矿产、能源和土地不断减少，为寻求资源、能源和活动空间的可持续利用[1]，人们开始将目光转向海洋[2]。进入21世纪，海洋国家都先后将开

* 基金项目：教育部人文社会科学重点研究基地重大课题（16JJD790021）。

** 孙才志（1970—），男，山东烟台人，辽宁师范大学海洋经济与可持续发展研究中心教授，博士生导师，博士后，研究方向：水资源与海洋经济；王甲君（1992—），男，山西大同人，辽宁师范大学海洋经济与可持续发展研究中心硕士研究生，研究方向：海洋经济。

发利用海洋资源作为国家发展战略的重要组成部分，一方面加大人财物的投入；另一方面积极调整有关海洋政策[3]。发展海洋经济成为中国培育新经济增长点的重要实施路径，这已上升为国家战略[4]。近年来，海洋经济的发展取得了瞩目成绩，据测算，2015 年全国海洋生产总值超过 6.5 万亿元、从业人数 3588.5 万人[5]。然而，目前中国海洋经济出现增长动力不足、结构不合理[6]，海洋资源浪费及环境污染、区域发展不均衡等严重问题[1]，亟须制定并实施新的海洋经济政策。理论上，经济制度应被看作是经济增长和国家间经济绩效差异的根本原因之一[7]。实践中，发达海洋国家证明，海洋资源开发程度越高，越需政府制定统一规划，对海洋经济活动进行指导、协调和控制[3]。政策作为正式制度的最重要类型之一，科学合理的海洋经济政策能有效解决海洋经济存在的问题并促进其发展。

十六大报告提出“实施海洋开发”，十七大报告提出“发展海洋产业”，十八大报告明确提出“提高海洋资源开发能力，发展海洋经济”，到十九大报告提出“坚持陆海统筹，加快建设海洋强国”。从解决海洋问题的政策措施看，中国推进国家海洋事业是通过发展海洋经济来实现的，这是由海洋经济在我国经济社会发展进程中的地位决定的，也易被国际社会所接受[8]。十九大提出“加快建设海洋强国”的战略目标，是中国政府应对海洋问题的重大举措，尤其是 21 世纪以来对海洋政策特别是海洋经济政策的深化和提升，具有连续性及一贯性。

海洋产业是海洋经济的基本载体和具体表现形式[9]，因此，本文将“海洋经济”的分析范畴限定为“海洋产业”（不包括海洋相关产业）。海洋经济政策属于公共政策。在国外，W. 威尔逊认为，公共政策是具有立法权的政治家制定出来并由公共行政人员执行的法律和法规。在国内，陈振明[10]认为政策是一系列谋略、法令、措施、办法、方法、条例等的总称，是国家机关等在特定时期为实现（服务）于一定社会经济等目标所采取的行为准则。据公共政策的一般定义，姜旭朝[11]认为海洋经济政策是政府为加强海洋的开发利用、发展海洋经济而实施的一系列法律法规、办法、条例的总和。

结合本文的海洋经济分析范畴及公共政策定义，笔者探讨的“海洋经济政策”是狭义的，它是党中央和政府为实现海洋产业的发展（开发、利用和保护海洋所进行的生产和服务活动）而制定并实施的一系列具体法律、条例、规定、办法、意见、决定、规划、通知等的总和。

海洋产业没有得到充分发展的重要原因之一是没有完善的制度保障[12]，要通过制度变迁来满足海洋经济对制度供给的需求。中国海洋经济政策是如何演变的？它呈现出哪些制度变迁的一般规律？其演变趋势又怎样？因此，本文通过新中国成立后尤其是改革开放以来海洋经济政策演变过程的实证分析，结合中国经济社会发展历史和国家经济体制改革历程，发现其演变规律及特征，分析其演变趋势。在此基础上，结合“‘十三五’海洋经济规划”，为今后海洋经济政策的制定与实施提供一定的政策建议。

一、研究思路、方法和数据来源

政策与法律的关系需结合中国独特的历史进程和社会发展来探讨。一般而言，对急于解决、暂时、尚未定型的社会关系，因无制度经验，先用政策协调较适宜，成熟后再考虑通过法律途径来解决；同时，灵活治理是政策的独立价值，这是高度稳定的法律所不具备也无法替代的。在无须法律或法律缺位的情形下，政策具有“准法律”的独立价值或替代意义；而法律一旦形成，在适用范围和时效上比政策更稳定，并具有相对独立性[13]。在实践中，政策与法律的关系主要表现为四类政策法律现象，即公共政策向法律的转化、介于政策与法律之间的“政策法”不能替代、法律框架内“法律政策”确保法律的实效，以及公共政策法治化。尽管二者的表现形态、作用方式和效力表现不同，但都属社会规范，同为社会规则，都是人民意志的体现，只有二者相通互补构成的规范体系才能为国家发展提供制度和秩序的保障[14]。

现今看来，法律应发挥对政治决断（含政策）合法化的作用，并通过法治程序制约政策，最后通过实施法律来保证实施政策。自1978年萌芽的“理性化治理”经过20年发展，1997年被正式确定为“依法治国”；又经过15年探索实践，2013年被落实到改革的依据上，这是对依法治国方略的进一步深化。因此，在全面深化改革时期，政策依然具有重要的指导作用，而法律则应成为政策制定的依据[15]。

鉴于上述讨论，本文以新中国成立后的社会历史进程为线索，在“依法治国”客观需要下，以搜集到的国家层面的“政策法”为原始数据，探究海洋经济政策的演变过程与趋势。采用数量统计方法，对海洋经济政策进行多维度统计，假设某一维度政策数量越多，政策效用就越强（政策效用指政策产生的一切效果的综合；该假设逻辑虽显简单，但一定程度上能直接反映主要政策的效用）。数量统计的基本思路是：（1）划分海洋经济政策的基本维度；（2）对数量统计分析的边界条件进行理论假设；（3）对海洋经济政策按照基本维度进行总量和时间序列统计。这里将海洋经济政策分为内容类别和法律效力两个基本维度。

根据政策内容和发挥作用的领域，结合《海洋及相关产业分类标准》（GB/T 20794－2006）对海洋产业的定义与分层，本文将海洋经济政策分为主要海洋产业政策（包括海洋渔业政策、海洋矿业政策、海洋交通运输政策、海洋油气业政策、海洋船舶工业政策、海洋工程建筑政策、海洋电力业政策、海水利用业政策等），海洋科技管理服务业政策（侧重为海洋经济提供支撑的科技管理服务业，包括海洋科技政策、海洋资源环境保护政策、海域管理政策等），综合海洋经济政策（既涉及上述主要海洋产业政策又涉及海洋科技管理服务业政策）。这种划分是对海洋经济政策的横向划分，其中“主要海洋产业政策”侧重海洋开发政策，“海洋科技管理服务业政策”侧重海洋保护政策。

国家层面的海洋经济政策主要是以法律、行政法规、部门规章及规范性文件的形式出现。根据法律效力的高低将其分为四个等级，全国人大及人大常委会制定的法律，其效力最高，定为A等；国务院制定或批准制定的行政法规，效力仅次于法律，定为B等；国务院各部门制定的规章，效力次于行政法规，定为C等；其他规范性文件的效力等级界定有待商榷（讨论部分给出理由），在此一并划为D等。

数量统计将每一具体政策抽象为一个单位，在抽象过程中具体政策信息被忽略。定量反映海洋经济政策演变过程，需建立两点理论假设：（1）$P_A > P_B > P_C > P_D$，即A等级政策的效用强于B等级政策，依此类推。这是基于序数概念的效用比较，虽A等级政策的效用强于B等级政策，但难以确定两者间的具体数量关系，故本研究仅作同等级政策之间的比较。实际上，高低等级政策之间存在一定连带效用，高等级政策出台后会有相关低等级政策与之匹配，进而发挥政策体系的整体效用。该假设一定程度上忽略了彼此的关联性。（2）$P_{A1} = P_{A2} = P_{A3} = \cdots = P_{An}$，$P_{B1} = P_{B2} = P_{B3} = \cdots = P_{Bn}$，$P_{C1} = P_{C2} = P_{C3} = \cdots = P_{Cn}$，$P_{D1} = P_{D2} = P_{D3} = \cdots = P_{Dn}$，即所有同效力等级政策的效用相同。实际上，在不同的历史阶段，不同类型的政策工具发挥的效用会存在很大差异。该假设一定程度上忽略了同等级政策之间的差异，以及具体政策类型之间的差异[16]。

本文统计的原始文本数据来自《中国海洋经济史大事件（现代编）》[17]专著及北大法宝、全球法规网中梳理的262项海洋经济政策（其中分类统计247项，12项有关海盐和海洋新兴产业的政策未分类统计，有3项政策难以确定类型）。

二、中国海洋经济政策演变的实证分析

据上述方法和文本数据，本文对247项海洋经济政策（考虑到新中国社会历史原因，重点统计了1978～2017年的海洋经济政策）进行了总量（见表1）和时间序列统计（见表2）。

表 1　　1978～2017 年中国海洋经济政策法规分类统计表

等级	海洋渔业政策	海洋矿业政策	海洋交通运输政策	海洋油气业政策	海洋船舶工业政策	海洋工程建筑政策	海洋电力业政策	海水利用业政策	海洋科技政策	海洋资源环境保护政策	海域管理政策	综合海洋经济政策	合计
A 等	2	1	3	—	—	—	—	—	—	3	2	2	13
B 等	2	—	12	4	—	3	—	—	1	10	—	—	32
C 等	15	1	38	6	3	8	—	—	—	11	3	—	85
D 等	16	4	23	5	6	2	5	6	12	13	16	9	117
总数	35	6	76	15	9	13	5	6	13	37	21	11	247

（一）1978～2017 年中国海洋经济政策法规总体分析

表 1 的统计结果显示，在“主要海洋产业政策”中海运政策数量最多，其后依次是海洋渔业政策、海洋油气业政策和海洋工程建筑政策；在“海洋科技管理服务业政策”中，海洋资源环境保护政策最多，其后是海域管理政策和海洋科技政策。在所有海洋经济政策中，海运政策数量最多，处于第一梯队，其政策效用最强；实践中，中国进出口货运总量约 85% 是利用海上运输完成的，海运政策在其中发挥了巨大的杠杆作用。海洋资源环境保护政策和海洋渔业政策数量相当，处于第二梯队，其政策效用较强；实践中，海洋资源环境保护在海洋经济史上贯穿始终，相关政策法规的制定实施必不可少；而海洋渔业作为中国海洋经济的支柱产业之一，更离不开渔业政策的指导与协调。海域管理政策、综合海洋经济政策数量上处于第三梯队，其政策效用居中；海洋油气业政策、海洋工程建筑政策及海洋科技政策处于第四梯队（无相关法律颁布），其政策效用较弱；其他几类政策处于第五梯队，政策效用弱。

海运政策作为政府引导和调控海运活动的基本手段，是主要海洋产业政策的重要组成部分，同时也是影响国民经济发展的重要因素。国家先后颁布了《海上交通安全法》《海商法》《国际海运条例》《港口法》等多项重要法律法规，但总体上看政策的高度不够，主要体现在两个方面：一是海运政策的效力层次较低，高效力等级的政策较少，难以形成社会强制力。从梳理的 76 项政策看，与海运直接相关的法律有 3 项，国务院部门规章和规范性文件合计 61 项。受当时立法指导思想的影响，现行《海上交通安全法》条文简单，但从船舶、船员、通航环境、航行秩序、助航标志、海难救助等多方面进行了非常原则的规定，造成了目前很多海上执法需要依据大量的部门规章或者规范性文件进行操作，在一定程度上降低了海事执法的权威性[18]，同时国务院各部门规章缺乏全面的统筹和协调能力，这些是海运政策数目较多的原因之一。二是海运政策不同效力等级之间的层次关系比较混乱，彼此之间的衔接和配合缺少协同，相比之下，同样具有战略地位的教育事业相关法律建设要完善得多[16]。因此，中国需要进一步加强海运政策的战略统筹，提升其效力等级及协同性。

海洋资源环境保护政策的数量仅次于海运政策，其政策目标是在保护海洋生态环境的前提下合理利用海洋资源，追求海洋经济的可持续发展。海洋资源及其生态环境是海洋经济赖以发展的基础，海洋资源环境保护政策的实施可以直接为主要海洋产业发展提供所需的海洋资源，为海洋生态环境的保护提供制度保障，此外与主要海洋产业相关的资源保护政策、环境监测预报政策也有力地促进了主要海洋产业的发展。从统计结果看，海洋资源环境保护政策同样存在效力等级较低、稳定性和权威性不高的问题，提升效力等级也是当务之急；同时，此类政策的协同性和可操作性不强。当前，从海洋环境法律体系的结构来看，整体上缺乏作为主导的海洋纲要法，细节上缺少与海洋生态环境体系相符的特定环境保护法规；已有法律法规大多针对某一具体海事领域，过度显现相应资源开发的重要性而忽略了其他海洋资源环境的利用与保护。这就造成此类相关法规数量庞杂，却未形成合力。因此，应积极起草能包含各方诉求的《海洋纲要法》，从而完善海洋资源与环境保护的法律体系[19]。

海洋渔业政策的数量居第三位。1986 年全国人大常委会通过了《渔业法》，为促进渔业发展和调整渔业生产关系提供了有效的法律保障。从统计结果看，海洋渔业政策同样存在效力等级较低、稳定性较低的情况。与海洋资源环境保护政策相比，通过分析各政策法规的效力等级和上下位关系，海洋渔业政策之间的协同性要强于海洋资源环境保护政策；与海运政策相比，通过分析上下位关系及具体法规内容，海洋渔业政策的可操作性更强。

海域管理政策的数量居第四位，虽然 3/4 以上是部门规范性文件，效力等级缺乏层次和体系，但 2007 年 3 月 16 日十届全国人大第五次会议审议通过的《物权法》，使得海域管理政策的效力等级得到了显著提升（在本研究的所有政策样本中，只有《物权法》是由全国人大审议通过的）。海域管理法律制度的确立是中国海洋管理的一个重要里程碑。

海洋油气业政策和海洋工程建筑政策都没有出台相关的法律，法律效力等级低，在调整相应领域的生产关系时效力有限，对于未来发展缺乏强有力的制度保障。而海洋科技政策仅有的一部行政法规是 1996 年颁布的《涉外海洋科学研究管理规定》，共 15 条，大部分内容与行政审批有关，对实现“促进海洋科学研究的国际交流与合作”的政策目标效用有限，也无相关政策体系可言。

海洋矿业政策中，1996 年修正的《矿产资源法》确立了“领海及中国管辖的其他海域的矿产资源”的采矿许可证制度；海洋船舶工业政策没有出台相关的法律法规，政策效力更低。政策法规的出台与相应产业的发展是密切相关的，海洋电力政策和海水利用政策仅有部门规范性文件，这与此类产业的发展阶段直接相关。

综上所述，海洋经济政策总体上法律效力不强，一定程度上存在结构错位问题，高低效力等级政策之间不能较好匹配，没有形成完善有效的政策体系，影响了政策的约束力和操作性，优化等级结构和构建政策体系是海洋经济政策需要解决的关键问题。

（二）1949～2017年中国海洋经济政策历史演变

海洋经济政策的演变与海洋经济所处的发展阶段与特点直接相关。本文在对海洋经济政策进行时间序列统计分析的基础上，综合中国海洋经济发展史、改革阶段、依法治国的进程，将1949～2017年中国海洋经济政策的演变过程划分为六个阶段，其中1964年、1978年、1993年、2003年和2011年为分界点，以国家海洋局的成立和四个重要文件为标志。1964年国家海洋局的成立标志着中国海洋经济的发展和政策制定进入一个更加有序、统一的阶段；1978年12月13日，邓小平同志在中央工作会议闭幕会上发表了《解放思想，实事求是，团结一致向前看》的讲话，这个讲话实际上是十一届三中全会的主题报告，是中国改革开放的宣言书；1993年国家海洋局和财政部颁布的《国家海域使用管理暂行规定》标志着海洋经济进入综合管理阶段；2003年国务院批准发布的《全国海洋经济发展规划纲要》是第一个为促进海洋经济综合发展而制定的全国宏观指导规划；2011年3月14日十一届全国人大批准的《国民经济和社会发展第十二个五年规划纲要》，首次在五年规划中明确提出“推进海洋经济发展”。为了清晰地反映海洋经济政策的演变，同时考虑到A、B等级和C、D等级数量之间的差距，本文用比例图反映海洋经济政策结构的时间序列变化（见图1），海洋经济政策时间序列如表2所示。

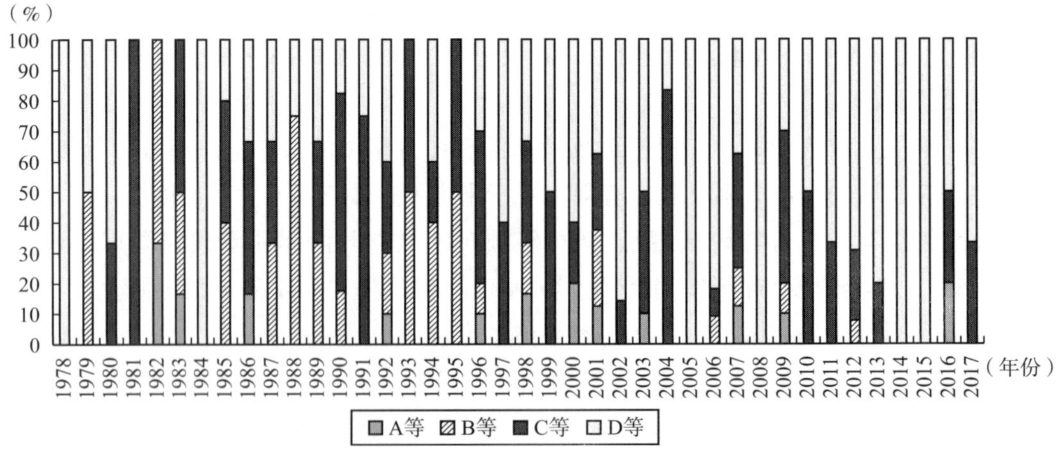

图1　1978～2017年中国海洋经济政策结构比例变化趋势图

表 2　　1978～2017 年中国海洋经济政策分类时间序列统计

年份	主要海洋产业政策								海洋科技管理服务业政策			综合海洋经济政策	合计
	海洋渔业政策	海洋矿业政策	海洋交通运输政策	海洋油气业政策	海洋船舶工业政策	海洋工程建筑政策	海洋电力政策	海水利用政策	海洋科技政策	海洋环境资源保护政策	海域管理政策		
1978			D										D
1979	B + D												B + D
1980	C		2D										C + 2D
1981										C			C
1982				2B						A			A + 2B
1983	C		A + C	C						2B			A + 2B + 3C
1984	D		D										2D
1985	D		C			2B + C							2B + 2C + D
1986	A + D		2C	C + D									A + 3C + 2D
1987	C		B + D										B + C + D
1988	B		D	B						B			3B + D
1989	2C		B		D	B			D				2B + 2C + 2D
1990	C		2B + 6C + 3D	C	2C					B + C			3B + 11C + 3D
1991	C		2C + D										3C + D
1992	C		A + 2B + C + 4D			C							A + 2B + 3C + 4D
1993			2B			C				B + C	C		3B + 3C
1994			B		C				D	B	D		2B + C + 2D
1995			B							C			B + C
1996		A	3C + D	D		2C			B			D	A + B + 5C + 3D
1997	D		2C + 2D	C + D						C + D	D		4C + 6D
1998	2D		B 修							C	C	A	A + B + 2C + 2D
1999	C + 2D	C + D	C							2C + 2D			5C + 5D
2000	A 修 + C		D								2D		A + C + 3D
2001	C + D		B + C + D	B 修					D		A		A + 2B + 2C + 3D

续表

年份	主要海洋产业政策								海洋科技管理服务业政策			综合海洋经济政策	合计
	海洋渔业政策	海洋矿业政策	海洋交通运输政策	海洋油气业政策	海洋船舶工业政策	海洋工程建筑政策	海洋电力政策	海水利用政策	海洋科技政策	海洋环境资源保护政策	海域管理政策		
2002	C	D								2D	3D		C+6D
2003	C+D		A+3C+D							D	D	D	A+4C+5D
2004			3C			C				C		D	5C+D
2005					D			D	D				3D
2006	D			C		D			3D	B	4D		B+C+9D
2007	D	D	C			2C				B修	A+D		A+B+3C+3D
2008									D	D	D	D	4D
2009	C		3C修	C	2D					A+B	D		A+B+5C+3D
2010							D			C			C+D
2011	C修		C	D		D	D		2D	C		D	3C+6D
2012	D	D	2C		D			4D		B+D	C	D	B+3C+9D
2013	2D		C修		D							D	C+4D
2014			2D						D	4D			7D
2015			D				D		D	D			4D
2016			3C修	D			2D	D		A修	D	A	2A+3C+5D
2017			C									2D	C+2D
合计	2A+2B+15C+16D	A+C+4D	3A+12B+38C+23D	4B+6C+5D	3C+6D	3B+8C+2D	5D	6D	B+12D	3A+10B+11C+13D	2A+3C+16D	2A+9D	13A+32B+85C+117D

说明：①“主要海洋产业政策”是一种横向划分的海洋开发政策，与一般“产业政策”概念无关，本研究的内涵已说明。

②滨海旅游虽为中国海洋经济的支柱产业之一，但几乎没有专门的滨海旅游政策出台，一般包含在旅游政策之中，故本文没有统计。

③“海洋科技政策”包括海洋科学研究政策、海洋技术（信息）服务政策、海洋地质勘察政策等；“海洋资源环境保护政策”侧重于与海洋产业相关性较强的海洋环境保护（海洋环境监测预报、海洋生态环境保护）和海洋资源保护政策。例如，2003 年 7 月由国家海洋局等发布的《无居民海岛保护与利用管理规定》内容已超出“海洋经济”的研究范畴，它包括海洋军事、海洋权益等诸多方面；1995 年 5 月由农业部发布的《海洋自然保护区管理办法》第二条“海洋自然保护区是指以海洋自然环境和资源保护为目的”，与海洋环境与资源保护直接有关，属于“海洋资源环境保护政策”的研究范畴。

④对“海洋科技政策”的划分，若与主要海洋产业直接相关则划到“主要海洋产业政策”，如渔业科技政策；否则划到“海洋科技管理服务业政策”。

⑤研究目的是反映海洋经济政策演变过程，故已废止的政策法规也统计在列。

⑥对已发布施行的法律法规的修改版，若重大修改或修改在五条以上（含五条）则统计，若修改在五条以下或局部修正则不统计。

根据图 1 和表 2 分析如下：

1. 1949～1963 年：中国海洋经济政策的恢复和确立时期

这一阶段的海洋经济政策相对稳定，主要体现在颁布行业管理条例，致力于恢复和发展传统海洋产业（海渔、海运和海盐）。海洋产业按国有和集体经济实行计划体制，一些影响国家长远发展的重要产业（海洋矿业和海洋电力）受到高度控制；而海洋渔业开始探索渔业合作社生产制，政策上逐渐将管理权下放；海盐实行多种所有制形式；国有企业主导海运，同时鼓励私有企业向国家资助航运方向发展。海洋科技政策方面，实施近海资源综合调查，为战略海洋产业奠定基础；至今，海洋化工和海洋矿业受益于此。另外，禁渔等渔业资源保护政策开始在特定海域施行。这一时期经济上不得不面对封锁而自力更生，海洋经济为适应社会主义道路而调整，体现出计划经济的特点，且大部分海洋产业受到严格控制[20]。

2. 1964～1977 年：中国海洋经济政策的曲折过渡时期

1964 年国家海洋局作为专门的海洋管理机构成立，但由于社会历史问题，海洋经济政策是不充分的。这一时期海洋经济政策开始重视海洋环境保护，这很大程度上反映了经济萧条和海洋产业发展的停滞。由于受到错误思想的指导，“文革”期间海洋经济政策与之前的政策失去连续性[20]。

3. 1978～1992 年：中国海洋经济政策的快速发展时期

十一届三中全会确定了以经济建设为中心的基本国策，政府采取了不平衡发展战略。东部沿海地区因区位优势得到优先发展，海洋经济成为国民经济的重要补充。由于对外开放政策，一些海洋产业在这段时期被放松管制，被鼓励对外交流与合作。这一时期的海洋经济政策整体数量上快速增加，以海运政策和海洋渔业政策为主，1978～1981 年海洋油气业政策和海洋资源环境保护政策处于酝酿阶段，1981 年后有所增加；1978～1984 年海洋船舶工业政策和海洋工程建筑政策处于酝酿阶段，1984 年后二者均有增加；而海洋矿业政策、海洋电力政策、海水利用政策和海域管理政策仍处于酝酿阶段。这一时期的海洋经济政策演变集中于个别产业，缺乏全面的政策体系，概括起来主要体现出以下三方面特点：

第一，海洋经济政策更具开放性。随着改革开放的逐步推进，中国海洋经济政策更多地适应外贸需要并面向国际交流与合作。在海运方面，1988 年政府基本取消了“货载保留”政策，1990 年允许外国船公司在中国从事国际班轮航运业务；先后出台了《国际船舶代理管理规定》《国际班轮运输管理规定》《海上国际集装箱运输管理规定》《关于外商参与打捞中国沿海水域沉船沉物管理办法》等政策性法规，特别是 1992 年 11 月颁布的《海商法》，它是在改革开放深入发展的情况下，为适应社会主义海上运输市场的需要、调整平等主体间的民事关系而制定的民法特别法[21]。在海洋石油方面，先后出台了《对外合作开采海洋石油资源条例》《关于对外合作开采海洋石油资源资料管理的规定》；在海洋工程建筑方面，出台了《关于中外合资建设港口码头优惠待遇的暂行规定》等政策性法规。

第二，海洋经济政策调节更加注重市场机制的作用和充分激发市场主体的积极性。1985 年《港口国际集装箱码头管理暂行规则》规定“港务局根据政企分开的原则，设集装箱公司”，对国际集装箱码头进行公司制专业化经营；在海洋石油方面，1982 年 1 月国务院发布《对外合作开采海洋石油资源条例》，规定了利用外国资金和技术开采中国海上石油资源的方针、政策和措施，此后相继出台《关于中外合作开采海洋石油进出口货物免征关税和工商统一税的规定》《开采海洋石油资源缴纳矿区使用费的规定》等政策法规，分别从税收减免和矿区资源使用者付费的角度体现市场机制。

第三，海洋资源的开发利用进入新阶段，海洋经济政策更趋多元。除上述政策法规外，1990 年原物资部和原交通部先后出台了《拆船安全生产与环境保护工作的规定》和《拆船工作管理办法》，确保对拆船工作的安全生产和管理，防止海域污染；在海洋科技方面，1989 年国家海洋局正式印发《中长期海洋科学技术发展纲要》，为海洋科技的长远发展制定蓝图；在海洋盐业方面，1990 年国务院颁发《盐业管理条例》，规定“盐资源属于国家所有，国家对盐资源实行保护，并对盐的生产经营实行计划管理”。此外，这一时期的政策在海洋环境和资源保护方面取得了突破性进展。1983 年 3 月 1 日《海洋环境保护法》开始生效，旨在“保护海洋环境及资源，防治污染损害，保护生态平衡”，相继出台的配套政策法规有《防止船舶污染海域管理条例》《海洋石油勘探开发环境保护管理条例》《防止拆船污染环境管理条例》《防治海岸工程建设项目污染损害海洋环境管理条例》等具体海事领域的海洋环境保护法规；1986 年颁布的《渔业法》，开始渔业资源管理合法化程序，并规定了捕捞许可证制度和渔具的使用和管理，突出对渔业资源和渔业生态环境的保护[22]；另外还出台了《水生野生动物保护实施条例》《自然保护区条例》等侧重海洋资源保护的法规。

4. 1993 ~2002 年：中国海洋经济政策的体系化建设时期

海洋经济越来越成为国民经济的重要组成部分，自 1993 年起政府特别加强了海域使用管理和海洋功能区划工作，对海洋经济的管理也逐渐由分散走向综合，海岸带综合管理（integrated coastal management）有利于促进沿海城市的全面可持续发展[23]。这一时期海洋经济政策数量上比上一时期还多，以海运政策、海洋资源环境保护政策、海洋渔业政策和海域管理政策为主，1993 ~1995 年海洋矿业政策处于酝酿阶段，1995 年后有所增加；海洋船舶业政策和海洋工程建筑政策数量有所下降，海洋科技政策数量有所增加；尤其是海域管理政策数量上得到明显提升，以 1993 年《国家海域使用管理暂行规定》为起点，标志着海洋经济进入综合管理阶段，而海洋电力政策、海水利用政策仍处于酝酿阶段。这一时期海洋经济政策的特点主要体现在以下三方面：

第一，推进海域使用管理制度建设的政策陆续出台，且自成体系。海域使用管理制度的建设可分为三个阶段：第一阶段，1993 年《国家海域使用管理暂行规定》颁布，标志着海域使用管理进入了有章可循的阶段；在明确海域属于国家所有的基础上，提出了“海域使用权”概念，具体规定了海域使用许可和海域有偿使用两项制度，使海域使用秩序得到初步规范。为配合海域使用管理实施，先后出台了《海域使用可行性论证管理办法》及《关于开展海域使用管理示范区工作的意见》《第二批海域使用管理示范区建设意见》等政策法规。第二阶段，2001 年 10 月《海域使用管理法》的颁布标志着海域使用管理进入有法可依的阶段。《国家海域使用管理暂行规定》属于部门规章，法律效力较低，推行阻力较大；《海域使用管理法》强化了海洋综合管理和海洋管理法制化建设，是建立海洋资源开发利用的社会主义市场机制的一次深刻革命，它明确规定海域属于国家所有，并建立了海洋功能区划、海域权属管理、海域有偿使用三项基本制度，为中国海洋经济的科学规范发展创造了有利条件。配套政策法规包括《海域使用申请审批暂行办法》《海域使用权登记办法》《全国海洋功能区划》《临时海域使用管理暂行办法》《海域使用金减免管理办法》《海域使用权管理规定》等。2002 年 9 月经国务院批准的《全国海洋功能区划》具有强制执行的法律效力，作为全国首部海洋功能区划（marine functional zoning），是海域使用管理和海洋环境保护的重要依据，它标志着中国适应社会主义市场经济体制要求的海洋资源开发、利用和保护的宏观调控机制的建立，为在全国实行海洋功能区划制度奠定了基础。在此基础上，2003 年 3 月国务院批准了《省级海洋功能区划审批办法》，2012 年 3 月又批准了《全国海洋功能区划（2011 ~ 2020 年）》，是合理开发和利用海洋资源、有效保护海洋生态环境必须遵守的法律基础[24]。第三阶段，以 2007 年全国人大通过的《物权法》为标志，海域使用管理进入了物权管理阶段。《物权法》以民事基本法律的形式确立了海域物权制度，巩固了《海域使用管理法》的立法成果。在管理实践中，海域使用权已成为与建设用地使用权性质相同的用益物权[25]。

第二，各类海洋经济政策得到补充和发展，政策更加体系化。以渔业政策为例，其体系化建设不断增强。改革开放后，我国渔业政策发生了三次重大调整。首先，1979 年《渔业许可证若干问题的暂行规定》的实施，制度上从“自由入渔”变为“投入控制”；其次，1986 年《渔业法》的实施，开始了渔业资源管理法制化进程，在渔业组织制度上，分散的渔民开始走向新的联合，渔业股份制在沿海各地形成；最后，1996 年中国批准了《联合国海洋法公约》，同时宣布中国实施 200 海里专属经济区和大陆架制度，意味着海洋渔业资源管理制度从“投入控制”转向“产出控制”[26]。在“投入控制”方面，1997年7月中国启用新的捕捞许可证，1998年农业部颁布《远洋渔业企业资格管理规定》《远洋渔船检验管理办法》；1999年7月农业部出台《远洋渔业管理暂行规定》，对远洋渔业项目的建立和审批、远洋渔业企业资格审批等做出明确规定；农业部2002年8月颁布《渔业捕捞许可管理规定》，2003年4月颁布的《远洋渔业管理规定》废止了前述部分政策法规，以部门规章的形式将这一制度固定下来。在“产出控制”方面，自1995年以来，伏季休渔制度在东海和黄海实施，它是国家海洋局批准、由渔业行政部门实施的渔业资源保护措施，规定伏季休渔期间在特定水域一些渔业活动不得进行[20]；此后农业部出台的《关于在东海、黄海实施新伏季休渔制度的通知》和《关于在南海海域实行伏季休渔制度的通知》是对此前伏季休渔制度的巩固和发展。在渔业生态方面，渔业资源保护区制度得以实施，《水生野生动物保护实施条例》和《水生动植物自然保护区管理办法》为水生动植物依法划定自然保护区。需强调的是，《渔业法》在2000年进行了较大修改，重点扶持养殖业发展、严格捕捞业管理、加强渔业资源增殖和保护，确立了养殖使用证、水产苗种管理、实施捕捞许可和限额、征收渔业资源增殖保护费等制度。

第三，突出保护海洋生态和人与自然和谐发展，强化海洋环境保护。1995年5月《海洋自然保护区管理办法》发布施行；1996年3月国家海洋局出台了《中国海洋21世纪议程行动计划》，为海洋经济可持续发展和海洋资源环境保护制定了海洋科技和建设项目名录[27]；1998年9月国家海洋局发布《全国海洋环境保护管理工作纲要》。新修订的《海洋环境保护法》2000年4月开始施行，规定“直接向海洋排放污染物的单位和个人，必须按国家规定缴纳排污费”；该法深刻总结了原法实施16年来取得的一系列成功经验，标志着中国海洋事业发展进入新的历史时期[13]。接下来，政府颁布了海洋石油勘探管理和海洋资源环境保护等一系列法规，先后出台了《海洋环境预报与海洋灾害预报警报发布管理规定》《自然保护区条例》《近岸海域环境功能区管理办法》《海洋石油开发工程环境影响评价管理程序》《海洋石油平台弃置管理暂行办法》《海洋石油开发工程环境影响后评价管理暂行规定》等。

5. 2003～2010年：中国海洋经济政策的全面发展时期

为了潜在的经济增长，2003年5月9日，国务院正式发布了第一份指导全国海洋经济发展的纲领性文件——《全国海洋经济发展规划纲要》，政府加强了各主要海洋产业的统筹发展，标志着海洋经济进入全面发展时期。这一时期有关海洋经济的各类政策均有出台，尤其是海洋电力政策和海水利用政策及综合海洋经济政策在这一时期得以出台，数量上仍以海运政策、海域管理政策和海洋资源环境保护政策居多。这一时期海洋经济政策的特点主要体现在以下三个方面：

第一，中国的海洋经济政策逐渐涉及国家战略规划。政府出台了一系列政策，以适应海洋经济的发展需要并进行宏观经济调控。同时，海洋产业调查和统计分析得到了很大改善，使得一些政策更加务实[20]。2003 年 5 月，国务院发布了《全国海洋经济发展规划纲要》，建立了中国海洋经济到 2010 年的远景规划。2008 年 2 月，国务院批准了《国家海洋事业发展规划纲要》，此纲要是新中国成立以来首次发布的海洋领域总体规划，是海洋事业发展新的里程碑，对促进海洋事业的全面、协调、可持续发展和加快建设海洋强国具有重要的指导意义[28]。2006 年 12 月 29 日，国家质量监督检验检疫总局和国家标准化管理委员会联合发布《海洋及相关产业分类》（GB/T 20794－2006），为海洋产业的分类统计口径提供了国家标准，为海洋经济实现理性增长和有效管理提供了重要的决策基础和政策制定参考[29]。

第二，更加注重推动海洋经济法治化建设和制度化管理，尤其是海洋运输工作的法治化建设得到进一步加强。2002 年 1 月《国际海运条例》施行后，2003 年 1 月交通部发布了《国际海运条例实施细则》，旨在“规范国际海上运输活动，维护国际海上运输市场秩序，保障国际海上运输各方当事人的合法权益”。2003 年 6 月《港口法》的出台结束了中国港口行业无法可依的历史，确立了由地方政府直接管理并实行政企分开的港口运行机制；确立了多元化投资主体和经营主体建设及经营港口的制度，保证了港口的运作与社会主义市场经济体制相适应等[30]。2004 年 6 月 1 日《港口经营管理规定》正式施行，为贯彻落实《港口法》和做好港口经营管理工作建立了制度保障。同日，由交通部、商务部联合颁布的《外商投资国际海运业管理规定》正式施行，它是《国际海运条例》的配套规章，对规范外商在华投资经营国际海运及其相关辅助业，对履行中国加入 WTO 海运服务承诺，进一步规范外商投资国际海运业的市场准入管理，保护中外投资者的合法权益具有重要意义[31]。2007 年《物权法》的颁布，宣布渔业养殖权和捕鱼权为用益权，对保护海洋渔业的合法权益具有重要意义；《物权法》以民事基本法律的形式确立了海域物权制度，实践中海域使用权已成为与建设用地使用权性质相同的用益物权[25]。2009 年 12 月颁布的《海岛保护法》填补了中国海岛保护的法律空白，将对实现中国海岛资源生态永续利用产生深远的影响[32]。

第三，相关政策已开始向海水淡化等海洋战略性新兴产业倾斜。2005 年 8 月国家发改委、海洋局和财政部联合发布了新中国成立以来首个《海水利用专项规划》，天津、大连、青岛被确定为国家海水淡化综合利用城市和产业化示范基地[33]；2010 年 1 月国家能源局和海洋局发布《海上风电开发建设管理暂行办法》，旨在规范海上风电项目开发建设管理；2010 年 5 月财政部和国家海洋局发布《海洋可再生能源专项资金管理暂行办法》，旨在加强海洋可再生能源专项资金的管理。

6. 2011 年至今：中国海洋经济政策的国家战略时期

海洋经济的快速发展将促进国民经济的发展，发展海洋经济逐渐成为国家战略。2010 年 10 月 18 日《中共中央关于制定国民经济和社会发展第十二个五年规划的建议》中明确将“发展海洋经济”上升为国家发展战略，2011 年 3 月十一届全国人大通过的“十二五”规划中单列“推进海洋经济发展”一章，确定在 2011 ~ 2015 年发展海洋经济的主要目标是“优化海洋产业结构，加强海洋综合管理”[34]。这一时期海洋经济政策的特点主要体现在以下三个方面：

第一，更加注重海洋经济的可持续综合发展，重点扶持海洋战略新兴产业的发展。海洋产业以供应链协同为基础，其战略性新兴产业正在逐步扩大[20]。2012 年 9 月《全国海洋经济发展“十二五”规划》经国务院批准正式实施，这是继 2003 年第一个纲领性文件《全国海洋经济发展规划纲要》之后，再次推出的新一轮全国海洋经济综合性规划[35]。依据该规划，“十二五”期间，中国将优化海洋经济总体布局、改造提升传统海洋产业、培育壮大海洋新兴产业等[36]，配套产业规划包括 2011 年 8 月国家发改委、科技部、工信部和能源局联合发布的《海洋工程装备产业创新发展战略（2011 ~ 2020）》，2012 年 2 月工信部、发改委等五部门联合发布的《海洋工程装备制造业中长期发展规划》，2014 年 4 月发改委、财政部和工信部联合发布的《海洋工程装备工程实施方案》，旨在大力发展海洋工程装备制造业，提高海洋产业综合竞争力，带动相关产业发展；2012 年 2 月国务院办公厅发布《关于加快发展海水淡化产业的意见》，2012 年 8 月科技部和发改委发布《海水淡化科技发展“十二五”专项规划》，同年 9 月国家海洋局发布《关于促进海水淡化产业发展的意见》，12 月发改委发布《海水淡化产业发展“十二五”规划》（第一个特定海洋产业的“五年规划”），旨在推进全国海水淡化科技创新，加快海水淡化产业发展；2013 年 4 月国务院发布《生物产业发展“十二五”规划》，将海洋生物产业列为重点发展领域之一[37]；2010 年 5 月财政部和国家海洋局发布《海洋可再生能源专项资金管理暂行办法》，2013 年 12 月国家海洋局发布《海洋可再生能源发展纲要（2013 ~ 2016 年）》，旨在“指导海洋可再生能源专项资金项目实施，推动海洋可再生能源技术和产业化发展”。2013 年国务院通过了《国家海洋事业发展“十二五”规划》，这是促进海洋事业全面发展的综合计划。2017 年 5 月国务院通过了《全国海洋经济发展“十三五”规划》，从八个方面对全国海洋经济在“十三五”期间的重点任务进行全面论述，在“推进海洋产业优化升级”中提出“调整优化海洋传统产业，培育壮大海洋新兴产业，拓展提升海洋服务业”[38]。

第二，更加注重海洋经济政策的体系化制定和协同实施。如前所述，海洋工程装备制造业和海水利用业在“十二五”期间由多个部门联合发布了多项规划，体现了政策制定的连贯性和整体性；而且2013年3月10日在十二届全国人大一次会议上提出设立国家海洋委员会，由国家海洋局、发改委、外交部、国土资源部、科技部等13个部委（局）组成，负责研究制定国家海洋发展战略，统筹协调海洋重大事项，并由重组后的国家海洋局承担国家海洋委员会的具体工作[39]，这次机构改革为海洋经济政策的协同实施提供了条件。

第三，更加注重海洋生态资源保护与海洋经济发展的协调。虽然海洋生产总值在逐年增加，但这一增长带来了一系列生态问题。在十八大“加快推进生态文明建设”和“建设海洋强国”的重大部署下，2015年1月1日新实施的《环境保护法》总则中明确规定“保护环境是国家的基本国策”，据此2016年11月7日全国人大常委会对《海洋环境保护法》做了较大的修订，主要体现三方面亮点：一是将生态保护红线和海洋生态补偿制度确定为海洋环境保护的基本制度；二是首次以法律形式明确海洋主体功能区规划的地位和作用，通过海洋主体功能区规划的实施，引导海洋开发活动与资源环境承载能力相适应；三是加大对污染海洋生态环境违法行为的处罚力度，对环境违法行为的处罚不设上限[40]。

（三）1949～2017年中国海洋经济政策整体演变特征

中国40年的改革开放事业，从制度经济学角度看，是一条典型的“斯密—奥尔森—熊彼特增长”之路，即加入创新因素的斯密—奥尔森增长[41]。对1949～2017年中国海洋经济政策的演变过程进行总结，可以发现其整体变迁呈现以下基本特征：

1. 海洋经济政策的适应性效率（adaptive efficiency）显著提升

整体制度结构在决定一个社会或经济体系在多大程度上能鼓励试验、实验和创新（即适应性效率）方面，起着关键性作用。中国改革进程中以“政策作先导—法律相跟进”的结构[16]形塑着正式制度的变迁，根植于制度框架内的各种激励带动了“干中学”的过程以及默会知识的发展，使得适应性效率明显提升；适应性效率为分散化决策过程的发展提供了激励，而分散化决策过程可以让社会尽力去发掘各种解决问题的办法[42]。自1978年以来，中国海洋经济政策的适应性效率得到显著提升，集中体现在如下三个方面。

从政策内容来看，鼓励试验增多，放宽行政管制，降低交易成本；实行政企分开，企业独立经营；实施价格改革逐步完善市场价格体制[43]，发展市场；实行法制，完善制度。以海运政策为例，为适应进出口集装箱运输业务的发展，加强监管，海关总署1983年8月发布《海关对进出口集装箱和所装货物监管办法》、1986年6月发布《海关对用于运输海关加封货物的国际集装箱核发批准牌照的管理办法》；为进一步规范集装箱运输业务，减少审批，海关总署2004年1月发布《海关对用于装载海关监管货物的集装箱和集装箱式货车车厢的监管办法》，施行之日同时废止前述两个办法。为鼓励和促进国际班轮运输发展，适应外贸和国际航运发展需要，原交通部1990年3月发布《国际船舶代理管理规定》、同年6月发布《国际班轮运输管理规定》，国务院1990年12月发布《海上国际集装箱运输管理规定》；随着国际海运快速发展，国务院2001年12月颁布《国际海运条例》以规范有关活动，明确提出“保护公平竞争，维护市场秩序”，此条例于2013年7月、2016年2月两次被修订。交通部1985年2月发布《港口国际集装箱码头管理暂行规则》，明确提出“根据政企分开的原则，设集装箱公司”。在海运价格开放上，交通部1978年10月发布《航行国际航线船舶及国外进出口货物港口费收规则》，对航行国际航线的船舶及国外进出口货物计收的港口费用做了明确而详细的规定，在执行两年后，于1980年9月发布《关于国外进出口货物装卸费计收办法的补充规定的通知》予以补充。为避免全面放开价格带来利益关系的剧烈变动和增强价格改革的可控性，需采取调整价格的办法[44]，依1990年3月国务院同意的《关于调整外贸货物和船舶港口费收标准的通知》，交通部同年5月重新发布施行《航行国际航线船舶及国外进出口货物港口费收规则》和《国际航线集装箱港口费收办法》；并于1991年3月发布《关于调整外贸船舶和货物港口费收标准的通知》，对包括航行国际航线船舶的代理费、理货费等费收标准进行上调。但调整价格因没有改变价格形成机制，不久后由于供求关系等因素变化，原来顺畅的价格关系会出现新的扭曲。1992年，以邓小平年初重要谈话和党的十四大为标志，确立了市场经济体制改革目标，价格体制改革最终进入符合市场经济要求的价格形成机制和运行机制的形成完善阶段[45]。1994年3月交通部《关于废止900件交通规章和规范性文件的决定》废止了多数前述费收文件。市场经济需法制做保障，市场化价格改革并非简单放开价格，实行市场价格体制，市场主体价格行为要依法进行规范[44]。《价格法》于1998年5月1日起实施，作为中国价格法律体系中最根本的法律，对巩固价格改革成果、深化价格改革、规范价格行为，有重要意义。

从政策工具的使用来看，由改革初期以行政工具为主（采用行政命令、指示、规定及规章制度等行政方式）转变为以经济工具（运用价格、财政、税收、利润、资金、罚款）和行政工具相辅相成的多元政策工具系统；从政策的表现形式来看，由改革初期以行政法规、规定、命令为主，转变为以规划、意见、办法等为主体和以法律法规为支撑的互补形式。

2. 海洋经济政策演变的过程是渐进的

一般来说，制度变迁的过程是渐进的；通常变迁由构成制度框架的规则、规范和实施的复杂结构的边际调整所组成[42]。重大制度变迁发生在“大危机”时期，因为危机极大削弱了利益集团维持现状的能力[46]。改革开放正是在十年“文革”后启动的，这导致了海洋经济政策的不连续变迁；但综观整个历史时期，中国海洋经济政策的演变是渐进的。以海运为例，可以观察到一个计划体制向市场体制转型的过程，以及与之相应的制度框架的渐进性重构过程。

在实行计划经济的年代，中国海运业是由水运部门独家垄断的。1984 年国务院发布《关于改革我国国际海洋运输管理工作的通知》，对远洋运输企业实行政企职责分开，扩大企业自主经营权[47]；1985 年 2 月交通部发布《港口国际集装箱码头管理暂行规则》，明确规定“根据政企分开的原则，设集装箱公司”等。这些政策推动中国远洋运输公司向企业化发展，引入了竞争机制，打破了远洋运输只由交通部直属船队独家经营的局面。20 世纪 80 年代对海运企业进行的管理体制改革，实行了下放责权、鼓励多家竞争经营的市场化政策，促成集体和个体共同兴办航运企业的局面，但企业之间竞争不大，各企业有明确的航区经营分工，仅仅允许一定程度上的交叉经营。实际上，远洋运输工作在整个 80 年代还是以交通部直属船队为主，交通部直属远洋货运量占远洋货运量的比例虽有下降趋势，但基本仍在 80% 以上[11]。此后，1992 年 7 月交通部提出《深化改革、扩大开放、加快交通发展的若干意见》，进一步拓展了国内航运企业的自主经营权限；同年 11 月，国务院发布《关于进一步改革国际海洋运输管理工作的通知》，对从事国际海运业务行业及部门的限制条件进一步放宽，提出凡符合开业条件、合法经营的企业，经批准均可建立船公司，从事国际海洋运输业务。

而对外资航运企业，参照国际惯例，逐步取消了原有一些限制措施，实施全方位的开放政策。1988 年国务院口岸领导小组发布《关于改革我国国际海洋运输管理工作的补充通知》，规定自 1988 年起取消“货载保留”政策，仅在 56 个双边海运协定中的 7 个含有货载份额分配规定，而 1995 年交通部与 7 国新签双边海运协定中不再保留“货载保留”内容；1990 年 6 月交通部发布《国际班轮运输管理规定》，允许外国航运公司从事停靠中国港口的国际班轮运输；1992 年 7 月，交通部提出允许中外合资企业从事大陆国内水上运输业务[48]等。

在此过程中，正式制度与非正式制度以及实施特征之间的内在联系经历了长期的演化过程。远洋运输由交通部直属船队独家经营体现出水运部门的绝对优势，但这很大程度上依赖国家的财政拨款，在国家资金紧张时难以适应运输需求的迅猛增长；经济形势发生了很大变化，国际海运市场竞争渐趋激烈，使得水运部门独家垄断的传统合约逐渐走向终结。同时，这还导致“有水大家行船”政策的实行以及自主经营航运企业的出现。改变海运计划体制的诸种变迁与其他方面的变化（如科学技术、管理理念、偏好）长时间交织在一起。“单位”的习俗被稀释，户籍二元制的限制减弱，正式制度（政策、法律）也发生了变化（如所有制，市场经济的作用和地位，企业法），而这些变化是由政府与市场主体之间合约的无数次具体微小变化累积而成的，这些微小变化在整体上构成了根本性的制度变迁。

3. 海洋经济政策变迁存在一定的路径依赖

理解今日制度的选择需追溯其渐进性演化过程；历史对于路径依赖是重要的。制度变迁中存在路径的多样性，非效率路径也可能长期驻存[46]。从海运政策的渐进性演变可以看出，海洋运输从计划体制向市场体制的转型经历了漫长的过程，由于路径依赖和制度的报酬递增特征，可推断至今海运领域在一定程度上呈现计划与市场体制并存的状态，而且海运政策的路径依赖还呈现出地区差异。钱颖一认为，M 型组织在制度变迁过程中更灵活。相反，U 型组织中强烈的地区依赖性则会使制度比较僵硬，难以有变化[49]。从这个角度讲，U 型组织发育越成熟的沿海省份，其计划体制的路径依赖越显著，其非效率的制度变迁越明显。

中国沿海各地区在资源禀赋、自然环境及社会历史文化的差异很显著，面对不同的海洋经济问题，必然会出现不同的解决办法，这包括各种不同的习俗、传统以及各地所采取的政策与措施。人们没有理由认为解决问题的办法应该是类同的，然而，制度矩阵（institutional matrix）的报酬递增特征以及参与者的辅助性主观模型提示我们，虽然特定的短期路径是不可预测的，但长期的、总的方向则不仅是可预见的，还是难以逆转的[42]。

三、中国海洋经济政策演变的趋势

通过上述演变历程的分析，可以初步得出中国海洋经济政策的演变一方面受各个时期海洋经济现状影响，另一方面受经济社会发展和世界海洋管理的理念影响。在此基础上，结合表 2 和图 1 分析 1978 ~ 2017 年中国海洋经济政策的演变趋势，可以得出如下结论：

（一）中国海洋经济政策呈现从“主要海洋产业政策”单向推进向“主要海洋产业政策”和“海洋科技管理服务业政策”协同的发展趋势

这种转变体现在海洋经济政策出台的类型分布上，前一个阶段以单个主要海洋产业政策的出台为主，后三个阶段兼顾主要海洋产业政策和海洋科技管理服务业政策的出台。

这种转变是中国海洋经济管理从单个海洋产业的分散管理向海洋经济综合管理转变的集中体现，在管理体制上就是从原来的分行业分部门管理到现在建立国家海洋委员会的统筹管理。我国历史上“海洋管理以行业管理为主，按照海洋自然资源的属性进行分部门管理，基本是陆地自然资源管理部门职能向海洋的延伸”，因此各管理部门依其职权各守一摊的现象突出存在[50]，各部门出于自身利益最大化的考虑，很少关注海洋环境保护及与其他海洋产业协调发展所带来的整体效应。但是，随着海洋经济的不断壮大和海洋环境的污染与破坏，特定海洋产业发展所需的海洋资源与海洋生态环境之间的矛盾变得更加突出，政府海域管理理念和海洋经济政策制定也因此发生了重要转变——在海洋经济综合管理理念的指导下，侧重海洋科技管理服务业政策与主要海洋产业政策协同，突出“在保护中开发”。

这种转变也是经济发展与环境保护耦合的结果。在不同的历史发展阶段，经济可持续发展能力存在显著差异，环境保护在经济增长中的贡献也不尽相同，政策内容制定需要与国家对环境保护的要求耦合。按照环境库兹涅茨曲线的理论，在海洋经济发展水平相对较低的时候，海洋环境污染的程度较轻，此时环境压力较小，政府通过政策倾斜引导鼓励发展特定海洋产业，在环境可承受的阈值内，一定时期能有效促进个别海洋产业的发展；但随着人均收入的增加，海洋环境污染由低趋高，此时环境压力增大并成为制约经济进一步发展的重要因素，政策制定就要适时向环境保护倾斜，以期经济发展的可持续性。由此可见，海洋经济政策结构的转变是海洋经济发展与海洋环境保护协调的结果。

（二）中国海洋经济政策呈现从“政府调控”向“市场调节”和“政府调控”协同的发展趋势

从政策工具的使用来看，海洋经济政策呈现由行政工具向经济工具和行政工具协同的发展趋势，是治理理念和方式的转变，是从“政府调控”向“市场调节”和“政府调控”协同发展转变的印证，也是政府职能转变和简政放权的体现。

首先，这种转变既是政策内容的创新，也是治理理念和方式的转变。行政工具主要采用行政方式，按照行政系统、行政层次和行政区划来实施政策，政府通过行政方式干预海洋经济增长和调节涉海生产关系；而经济政策主要运用价格、利息、税收、资金及经济责任和经济合同等来组织、调节和影响政策执行者和政策对象[10]，政府通过宏观调控侧重营造市场环境，而市场是经济资源配置的决定性因素。经济性工具和行政性工具的协同作用产生了“市场调节”和“政府调控”协同发展的趋势。

其次，这种转变顺应了世界公共管理的潮流。政府和市场的关系，即“指令经济”（command economy）和“市场经济”（market economy）的关系，一直是学术界和管理层讨论的焦点，但实践已很好地回答了这个问题——当今世界上所有社会都是既带有市场经济成分也带有指令经济成分的“混合经济”（mixed economy）[51]；政府与市场是两种配置资源和协调社会经济活动的主要机制或制度安排，都会存在失灵，故问题的关键是政府和市场该如何分工，实现协调和互补[16]。市场和计划融合的混合体制正在扩展到海洋经济管理领域，中国海洋经济政策的转变趋势顺应了这一潮流；尤其是十八届三中全会决定“市场在资源配置中起决定性作用”，可以预见，未来海洋经济政策的制定更应灵活运用经济性工具。

最后，这种转变是我国经济体制改革的结果，是政府职能转变和简政放权的体现。这种转变本身就体现了经济体制改革的轨迹。以海运政策为例，1979 年颁布的《对外国籍船舶管理规则》、1983 年颁布的《海关对进出口集装箱和所装货物监管办法》和 1984 年 1 月 1 日施行的《海上交通安全法》及此后出台的一系列配套政策法规，典型地运用行政工具进行海运管理；而 1985 年颁布的《港口国际集装箱码头管理暂行规则》规定，“港务局根据政企分开的原则，设集装箱公司”，并对港口集装箱公司的主要业务范围进行说明，是公共服务部门进行公司化改造的案例，是利用市场机制解决港务问题的海运政策。1990 年颁布的《国际船舶代理管理规定》，规定“船舶代理业务只准由经交通部批准成立的船舶代理公司经营；船舶代理公司必须是国营企业法人；每一港口设置船舶代理公司的数量，由交通部根据港口的实际业务需要决定”，可以分析出当时国家对公司的管制和控制力度还很大，市场的准入条件较高，并对船舶代理公司可经营的代理业务进行了明确规定；此外，“船舶代理公司必须执行交通部统一规定的费收标准，不得以任何形式给予回扣或变相给予回扣”，政府实施统一定价，还没有形成以价格机制为核心的价格管理体系；当然也应看到“自主经营，独立承担民事责任”等积极因素。该规章已被 2003 年颁布的《国际海运条例实施细则》废止，在 2002 年国务院颁布的《国际海运条例》规定“保护公平竞争，维护国际海上运输市场秩序”，明确提出了“市场”概念，“备案的运价包括公布运价和协议运价”也不再体现国家统一定价的指令；“国际船舶运输经营者之间的兼并、收购”中体现了公司的运作。在计划经济体制下，政府通过资源所有权和实施经济政策直接干预经济活动；随着社会主义市场经济体制的建立和完善以及国有企业产权化改革的试验，政府职能发生了重要转变，政策工具和手段也进行了相应的调整，侧重利用财政、税收和金融等经济工具调控海洋经济活动。

（三）中国海洋经济政策呈现从单项政策向政策组合转变的发展趋势

中国海洋经济政策呈现从单项政策制定向政策体系构建转变的发展趋势，集中体现在政策类型之间、各类政策内部体系、综合海洋经济政策三个方面。

1978 ~ 1992 年侧重海洋渔业政策和海运政策的制定，主要是一些支持具体渔业活动和交通运输活动的单向政策，政策间关联较小；1993 ~ 2002 年以海洋渔业政策、海运政策、海洋资源环境保护政策和海域管理政策为主，海洋矿业、海洋油气、海洋船舶和海洋工程建筑政策均有出台，进入政策类型组合阶段；2003～2010 年各类海洋经济政策均有出台，尤其是综合海洋经济政策的出台，进入更加全面的政策组合阶段；2011 年后海洋战略新兴产业政策的出台成为重点，首次出台全国海洋经济发展五年规划，更强调不同政策类型之间的关联和协同，已进入全面政策组合阶段。

从单项政策向政策组合的转变促进了不同效力等级政策的协同。1993～2002 年海洋渔业政策以《渔业法》为上位法颁布实施了一系列政策法规，进入内部体系化阶段，并在后一时期更趋完善。1993～2002 年海运领域虽已颁布了《海上交通安全法》《海商法》两部法律，但与已出台的不同效力政策法规关联性较小；《海上交通安全法》受当时立法指导思想影响，涉及面广但条文简单，在之后两个时期，以《海上交通安全法》为上位法出台了一系列可操作的政策法规，海运政策的内部体系化建设得到加强。1993～2002 年海洋资源环境保护政策以《海洋环境保护法》为上位法进入内部体系化阶段，并在之后的两个时期得到完善。而海域管理政策从出台开始就很重视内部体系化建设，政策法规之间的关联性较强。

2012 年出台的《全国海洋经济发展“十二五”规划》及 2017 年出台的《全国海洋经济发展“十三五”规划》（以下简称《规划》）本身就是海洋经济政策组合，可见构建政策体系既能通过多项政策协同实施，也能通过单项政策系统集成。另外，根据《规划》国务院有关部门、各沿海省市还要制定相应具体的实施细则和政策措施，逐步形成一个完善的政策体系。

四、中国海洋经济政策设计制定建议

为了更好落实《规划》，基于中国海洋经济政策演变的过程和趋势分析，提出以下四个方面建议。

（一）围绕国家海洋经济体系建设形成海洋经济政策体系，促进“海洋基本法”的制定和“海洋入宪”，加强顶层制度建设

国家海洋经济政策体系的建设是促进海洋经济可持续发展的重要措施。《规划》确立了“十三五”时期海洋经济发展的基本思路、目标和重点任务，提出了优化海洋经济发展布局、推进海洋产业优化升级、促进海洋经济创新发展、加强海洋生态文明建设、加快海洋经济合作发展和深化海洋经济体制改革六大任务[38]。而《规划》的实施还需具体政策措施和实施细则予以保障；其中不仅涉及各类海洋经济政策体系的具体构建与运行，也存在政策运行的整体协同问题。所以，海洋经济政策设计要围

绕全国海洋经济体系建设，形成完善的政策体系。

如以内容全面、结构合理、协调统一的体系要求进一步审视中国涉海法律，仍难言体系。从综合立法角度，围绕某一涉海综合法，可以形成一个以涉海综合法为基础，以相关具体细化的单项立法、行政法规、部门规章等为辅助的次级体系，它们共同形成整个涉海法律体系。2013 年国家海洋委员会成立，当下的海洋管理体制已形成了行政机构改革倒闭立法修改的局面，实践中对能够协调各部门利益的涉海综合法需求强烈。因此，应加快制定综合规范涉海问题的战略、政策和法制的“海洋基本法”，来加强海洋综合管理，促进海洋经济与其他涉海问题的协调发展。“海洋基本法”定位应是“仅次于宪法而高于其他法律，对国家政治、经济和社会生活某个领域重大和全局性事项做出规范”的基本法律，这既符合其立法初衷，也符合我国既有的立法位阶秩序。涉海法律体系化并非凭借某一涉海法律的制定或完善就能达成的，其贯穿于今后每个涉海法律的制定和完善，并需采取制定新的涉海综合法和对现行涉海立法进行综合化改造并举的策略。在这种策略下，根据传统上我国涉海法律划分为海洋法和海商法两大类的认识和当前涉海立法的进程，制定“海洋基本法”和综合化改造《海商法》，通过对我国海洋法和海商法领域的局部体系化，可构建中国涉海法律体系的基本框架[50]。在此基础上，要推动“海洋入宪”，以国家根本大法来巩固海洋领域的顶层制度建设。

（二）加强政府各部门间的协调和衔接，提高政策制定和实施的协同性

发展海洋经济是促进中国经济转型升级、实现可持续发展的战略任务，所以加强政府各部门间的协调和衔接，形成政策合力就成为海洋经济政策体系建设的重点。

第一，中央政府各部门要加强协调和衔接。国家海洋局是“加强海洋综合管理、生态环境保护和科技创新制度机制建设，推动完善海洋事务统筹规划和综合协调机制”的主要管理部门，并承担国家海洋委员会的具体工作，其他部门尤其是海洋委员会的组成部门应把促进海洋经济政策体系建设作为本职工作予以落实，提高政策制定和实施的协同性。

第二，中央政府与地方政府要加强协调和衔接。全国海洋经济规划在很大程度上需要地方政府的落实和推进，2011 年国务院相继批准了《山东半岛蓝色经济区发展规划》《浙江海洋经济发展示范区规划》《广东海洋经济综合试验区发展规划》，确立了三大海洋经济发展试点地区发展规划。所以，理顺中央与地方之间的关系，切实加强中央政府与地方政府政策之间的协调和衔接，形成政策合力，对于构建全国海洋经济体系具有重要现实意义。

（三）增加各类政策工具的灵活多样运用，发挥各自独特的作用

各类政策工具都有其优势和劣势。改革开放初期，更多运用行政性工具来进行海洋经济管理；随着改革开放的深入和社会主义市场经济体制的完善，更多的经济性工具被用于宏观调控和规范市场。随着中国开放型经济的形成，海洋的战略地位日益突出，海洋经济对国民经济和社会发展的支撑作用也越来越明显[9]，根据国家海洋经济体系建设的实际情况和政策制定的连续性，我国在海洋经济政策工具的选择上不仅要进一步丰富经济性工具，而且要适当运用管理性工具（如系统管理、人本管理、信息管理等）和社会性工具（如社区治理、志愿者服务、公众参与及听证会等）等进行海洋活动的综合治理。

（四）海洋科技政策与海洋产业政策并重，创新海洋人才体制机制

海洋科技政策演变的动力源于海洋经济发展的日益复杂性对综合性海洋科学技术的需求，制定跨行业、跨部门的综合海洋科技政策是解决此问题的关键举措，是海洋科技政策体系创新的主要方面；而国务院将是统筹海洋科技政策的强有力代表。但是，涉海行业科技政策是国家海洋科技战略的具体化，是海洋科技创新主体获取海洋科技创新资源的直接依据，此类政策具体引导海洋科技创新方向，因此在未来仍将延续；而且此类政策重点向新兴海洋产业技术倾斜，海洋科技政策的自主创新导向和政策工具多元化也将继续延续[52]。

《规划》中明确提出“加快海洋人才培养模式创新，落实涉海科研人员离岗创业政策，建立健全科研人员双向流动机制等”，沿海各地区为吸引高层次海洋人才，要出台相关人才政策，构建从海洋人才培育、引进到选拔，海洋人才评价和奖励的完善政策体系；营造良好的地区营商环境，出台支持涉海科研人员离岗创业的政策措施；建立人才自由流动机制，运用市场机制配置海洋人才资源。

五、讨论与展望

“规范性文件”是数量可观、对公民权利义务影响重大但性质和地位缺乏明确规定的一类法律文件，对其界定和效力等级的确定只能在坚持法律体系统一性的前提下依据现有法律规定予以推论。基于这一指导原则，黄金荣认为全国人大及其常委会制定的法律与其制定的规范性文件不加区分的做法是错误的；对于行政机关来说，行政法规的效力高于国务院规范性文件，规章的效力高于该规章制定主体发布的规范性文件[53]。但是，全国人大制定的规范性文件与行政法规、国务院规范性文件与规章的

效力如何界定？还有待法律予以明确规定。因此，本研究将“规范性文件”的效力界定为D等，一是法律目前还没有规定，二是本研究中的“规范性文件”多数是部门规范性文件。

处于转型期的中国，正发生着深刻的社会变迁；制度（政策）变迁作为社会变迁的要义之一，其丰富的内涵需继续充实。在此研究中，文章有对中国海洋经济政策体系建设的讨论，未来有待学者探讨；更进一步，海洋经济政策的协同性测量及经济绩效测量有待研究。

参考文献

［1］ Wenhan Ren, Qi Wang, Jianyue Ji. Research on China's marine economic growth pattern: An empirical analysis of China's eleven coastal regions ［J］. Marine Policy, 2018 (87): 158 – 166.

［2］ 程娜．可持续发展视阈下中国海洋经济发展研究［D］．吉林大学，2013.

［3］ 周达军．海洋公共政策研究［M］．北京：海洋出版社，2009：72 – 75.

［4］ 谢子远，闫国庆．澳大利亚发展海洋经济的经验及我国的战略选择［J］．中国软科学，2011（9）：18 – 29.

［5］ 国家海洋局．中国海洋统计年鉴2016［M］．北京：海洋出版社，2017.

［6］ 吴云通．基于产业视角的中国海洋经济研究［D］．中国社会科学院研究生院，2016.

［7］ Daron Acemoglu, Simon Johnson, James Robinson. Institutions as the Fundamental Cause of Long – Run Growth ［J］. NBER Working Paper (10481), 2004.

［8］ 金永明．中国建设海洋强国的路径及保障制度［J］．毛泽东邓小平理论研究，2013（2）：81 – 85.

［9］ 刘荣子．我国海洋产业发展现状及对策建议［J］．科技促进发展，2013（5）：45 – 50.

［10］ 陶学荣，陶叡．公共政策学（第四版）［M］．大连：东北财经大学出版社，2016：30 – 31.

［11］ 姜旭朝．中华人民共和国海洋经济史［M］．北京：经济科学出版社，2008：63.

［12］ 姜旭朝，王静．美日欧最新海洋经济政策动向及其对中国的启示［J］．中国渔业经济，2009，27（2）：22 – 28.

［13］ 李龙，李慧敏．政策与法律的互补谐变关系探析［J］．理论与改革，2017

(1): 54 -58.

[14] 肖金明. 为全面法治重构政策与法律关系 [J]. 中国行政管理, 2013 (5): 36 -40.

[15] 何啸. 改革进程: 中国共产党政策与法律关系结构的历史转型 [D]. 中共中央党校, 2014.

[16] 刘凤朝, 孙玉涛. 我国科技政策向创新政策演变的过程、趋势及建议 [J]. 中国软科学, 2007 (5): 34 -42.

[17] 姜旭朝, 张继华. 中国海洋经济史大事件 (现代编) [M]. 北京: 经济科学出版社, 2012.

[18] 魏明辉. 从实施《联合国海洋法公约》谈《海上交通安全法》的修订 [J]. 中国海事, 2008 (3): 31 -33.

[19] 唐先博, 黄明健. 我国海洋生态文明的法律体系: 结构、问题及对策 [J]. 湖南省社会主义学院学报, 2017 (5): 94 -96.

[20] Xu - Zhao Jiang, Tie - Ying Liu, Chi - Wei Su. China's marine economy and regional development [J]. Marine Policy, 2014 (50): 227 -237.

[21] 司玉琢, 朱曾杰.《中华人民共和国海商法》的特点评述 [J]. 中国海商法年刊, 1992 (3): 234 -240.

[22] 中华人民共和国渔业法 [EB/OL]. http: //www. npc. gov. cn/wxzl/gongbao/2000 -12/06/content_5004465. htm, 2000. 12. 6/2018. 5. 20.

[23] Guanqiong Ye, Loke Ming Chou. Is integrated coastal management an effective framework for promoting coastal sustainability in China's coastal cities? [J]. Marine Policy, 2015 (56): 48 -55.

[24] Wen - Hai Lu, Jie Liu. Comparison of marine spatial planning approaches in China: Marine functional zoning and the marine ecological red line [J]. Marine Policy, 2015 (62): 94 -101.

[25] 海域管理培训教材编委会. 海域管理概论 [M]. 北京: 海洋出版社, 2014: 7 -8.

[26] 同春芬. 我国海洋渔业政策价值取向的几点思考 [J]. 中国渔业经济, 2013 (4): 12 -15.

[27] 孙成权. 中国海洋21世纪及其行动计划简介 [J]. 地球科学进展, 1997 (2): 188 -194.

[28] 魏国旗. 国务院批准并印发《国家海洋事业发展规划纲要》[EB/OL]. http: //www. gov. cn/gzdt/2008 -02/22/content_897673. htm. 2008. 2. 22/2018. 5. 20.

［29］ Wei Ling Song，Guang Shun He. from behind the Great Wall：The development of statistics on the marine economy in China ［J］. Marine Policy，2013 （39）：120 - 127.

［30］ 叶红军. 我国水路运输体系中的一部“龙头法”——解读《港口法》［J］. 水路运输文摘，2003：9 - 10.

［31］ 熊伟. 外商投资国际海运业的最新政策评析 ［J］. 中国远洋航务公告，2004 （7）：14 - 15.

［32］ 王永生.《海岛保护法》：呵护我国海岛的“防护栏”［J］. 南方国土资源，2010：23 - 26.

［33］ 国家海洋局. 海水利用专项规划 ［EB/OL］. http：//www. soa. gov. cn/bmzz/jgbmzz2/zcfzydyqys/201211/t20121107_13813. html. 2007. 3. 19/2018. 5. 20.

［34］ 新华社. 中华人民共和国国民经济和社会发展第十二个五年规划纲要 ［EB/OL］. http：//jiuban. moa. gov. cn/fwllm/jjps/201103/t20110317 _ 1949003. htm. 2011. 3. 17/2018. 5. 20.

［35］ 徐丛春，朱凌. 全国海洋经济发展“十二五”规划评估 ［J］. 海洋经济，2015 （4）：3 - 10.

［36］ 国务院. 全国海洋经济发展“十二五”规划 ［EB/OL］. http：//www. gov. cn/xxgk/pub/govpublic/mrlm/201301/t20130117 _ 65866. html. 2012. 9. 16/2018. 5. 20.

［37］ Rui Zhao，Stephen Hynes. Defining and quantifying China's ocean economy ［J］. Marine Policy，2014 （43）：164 - 173.

［38］ 国家海洋局. 全国海洋经济发展“十三五”规划 ［EB/OL］. http：//www. soa. gov. cn/xw/hyyw_90/201705/t20170510_55964. html. 2017. 5. 10/2018. 5. 20

［39］ 王芳. 和谐海洋——中国的海洋政策与海洋管理 ［M］. 北京：五洲传播出版社，2014：94 - 95.

［40］ 孙书贤. 解读《中华人民共和国海洋环境保护法》修订相关情况 ［EB/OL］. http：//www. soa. gov. cn/xw/hyyw_90/201703/t20170329_55404. html. 2017. 3. 29/2018. 5. 20.

［41］ 张宇燕，冯维江. 中国的和平发展道路 ［M］. 北京：中国社会科学出版社，2017：118 - 119.

［42］［美］诺思著. 杭行译. 制度、制度变迁与经济绩效 ［M］. 上海：格致出版社，2008：111 - 112，114 - 115，143.

［43］ 王学庆. 中国“价格改革”轨迹及其下一步 ［J］. 改革，2013 （12）：5 - 16.

［44］张卓元．中国价格改革三十年：成效、历程与展望［J］．经济纵横，2008（12）：3－10.

［45］刘伟．1988年中国“物价闯关”研究［D］．中共中央党校，2011.

［46］刘和旺．诺思制度变迁的路径依赖理论新发展［J］．经济评论，2006（2）：64－68.

［47］国务院．国务院关于改革我国国际海洋运输管理工作的通知［EB/OL］．http：//www.gov.cn/zhengce/content/2017－05/24/content_5196032.htm.2017.5.24/2018.5.20.

［48］聂嘉玉，王玉田．中国海运政策的调整及其对航运业发展的影响分析［J］．水运管理，1998（8）：2－5，20.

［49］钱颖一，许成钢，董彦彬．中国的经济改革为什么与众不同——M型的层级制和非国有部门的进入与扩张［J］．经济社会体制比较，1993（1）：29－40.

［50］曹兴国，初北平．我国涉海法律的体系化完善路径［J］．太平洋学报，2016（9）：9－16.

［51］［美］保罗－萨缪尔森著．萧琛译．微观经济学（第19版）［M］．北京：人民邮电出版社，2014：7.

［52］乔俊果，王桂青．改革开放以来中国海洋科技政策演变［J］．中国科技论坛，2011（6）：5－10.

［53］黄金荣．“规范性文件”的法律界定及其效力［J］．法学，2014（7）：10－20.

The Process and Trends of Evolution of Marine Economic Policies in China

—The Empirical Analysis Based on the 262 Marine Economic Policies

Sun Caizhi　Wang Jiajun

Abstract: The development of marine economy has become a national strategy, and institutional change can meet the demand of the system supply of the marine economy. The method of statistical analysis is introduced into marine economic policies in this paper, to screen 262 marine economic policies as samples, with the historical process and social development as the clue since the founding of the People's Republic of China. And with the content categories and legal effects of marine economic policies as the basic dimensions, the evolution process and trends of marine economic policies are analyzed since the founding of the PRC, especially since the Reform and Opening-up. Among them, the theory of institutional change of institutional economics is introduced, and the overall evolution characteristics of marine economic policies are analyzed. The study finds that the historical evolution of China's marine economic policies in 1949 – 2017 can be divided into six stages. Its evolution characteristics reflect the remarkable improvement of adaptive efficiency, the process of gradual change and the path dependence of change. In addition, Chinese marine economic policies present the development trends from one-way propulsion of "major ocean industries policy" to policies coordination of "major marine industries policy" and "marine science and technology management services policy", from "government regulation" to "market adjustment" and "government regulation", from a single policy to composite policy. Finally, based on the analysis of the evolution process and trends, the paper puts forward four key policy suggestions.

Keywords: Marine Economic Policy　Evolution Process and Characteristics　Evolution Trends　China

环渤海地区海洋产业生态系统可持续发展能力及耦合研究*

李 博 张志强**

摘 要： 可持续性分析是当前全球环境变化科学的前沿与热点领域之一，产业生态是一种建立在可持续发展理念上的产业发展思想，并以解决经济发展与环境保护之间的矛盾为根本定位，海洋产业生态系统可持续发展则是当今海洋资源有限条件约束下的必然选择。本文以环渤海地区为例，采用均方差赋权法和线性加权法确定各层指标的权重，构建海洋产业生态系统可持续发展模型，运用耦合协调度模型确定环渤海地区海洋产业生态系统及各子系统耦合协调度，并对可持续发展能力及耦合协调度进行分类，结果表明：（1）从空间维度分析，环渤海地区可持续发展能力呈现山东省 > 天津市 > 辽宁省 > 河北省的空间分布特征，2009 年辽宁省海洋产业生态系统可持续发展能力超过天津市，海洋产业生态系统耦合协调度呈现山东省 > 辽宁省 > 天津市 > 河北省的空间分布特征；（2）从时间维度分析，2006 ~ 2013 年环渤海地区海洋产业生态系统可持续能力不断增强，耦合协调度不断提升，海洋产业生态系统可持续发展能力经历了产业衰退型—生态脆弱性—产业衰退型—综合可持续型，海洋产业生态系统耦合协调度由一般协调的耦合上升到较高协调的耦合；（3）利用因子分析探寻影响环渤海地区海洋产业生态系统的要素。

关键词： 海洋产业生态系统 可持续 耦合协调度 环渤海地区

---

* 基金项目：教育部人文社会科学重点研究基地重大课题（16JJD790021）；国家自然科学基金项目（41201114）。

** 李博（1983—），女，吉林长春人，辽宁师范大学海洋经济与可持续发展研究中心副教授，博士，研究方向：区域发展和海洋经济地理研究，E - mail：libo_ok@126. com；张志强（1990—），男，辽宁省葫芦岛人，辽宁理工职业学院附属高级中学教师，研究方向：海洋经济地理。

可持续性研究贯穿于自然科学和人文与社会科学，以经济、生态环境和社会之间的相互关系为核心[1]，是21世纪正确协调人口、资源、环境与经济间相互关系的共同主题，是人类得以生存和发展的唯一途径。1987年世界环境与发展委员会（WCED）在题为《我们共同的未来》的报告中，首次正式地将可持续发展定义为“既满足当代人的需求，又不对后代人满足其自己需求能力构成危害的发展”[2]。从概念上理解，可持续发展的本质是既满足当前社会经济发展的需要，又要考虑未来的需要，人类的经济活动不能超过现实科技水平和社会发展水平条件下的资源与环境的承载能力。产业生态是一种建立在可持续发展理念上的产业发展思想，并以解决经济发展与环境保护之间的矛盾为根本定位[3]。可持续发展研究发展到产业生态思想，实现了对人与环境关系认识的三次“协调”飞跃，即由可持续发展协调思想到环境经济协调理论直至产业生态的协调探索，进而构成了可持续发展由思想、理论到实践的完整发展路径。产业生态系统着重从产业系统与生态环境系统相互作用的视角，对产业生产活动进行重新安置，从而找到自然、经济与社会协调可持续发展途径。本研究在产业生态系统的基础上，结合海洋产业、生态环境和社会的发展特征，针对沿海地区海洋属性引申的新内涵，提出了海洋产业生态系统的概念。国内外对于海洋相关的研究不断增多，研究内容不断丰富，由原来单一系统研究转向复合系统研究，并引申了人海关系地域系统[4]、海洋经济地域系统[5]、海洋生态经济系统研究[6]等。目前还未有关于海洋产业生态系统可持续发展能力的研究，国内外一些学者从海洋经济、海洋资源、海洋环境等要素可持续发展的角度对海洋进行研究，在国外，里德（Read P.）、费尔南德斯（Fernandes T.）对海洋水产业的环境影响进行分析，并建立了相应的模型[7]；菲尔德（Field J. G.）认为良好的海洋生态环境是海洋资源的可持续利用的前提[8]；蒂坦伯格（Tietenberg）认为海洋经济可持续发展与海洋环境保护存在着相互制约的连带关系[9]。在国内，张德贤认为海洋经济可持续发展包括三层含义：海洋经济的持续性、海洋生态的持续性和社会的持续性[10]；蒋铁民指出海洋可持续发展包括保证海洋经济增长的持续性，保持良好海洋生态的持续性和良好的社会持续性[11]；张耀光对海洋经济布局机理及可持续发展进行研究[12]；韩增林等对我国海水资源利用现状及存在问题、海水资源可持续开发利用做了研究[13]。通过对国内外研究综述发现，国内外对海洋可持续发展研究主要集中在某一个或几个要素，有些学者虽然提出了海洋经济、海洋社会、海洋生态可持续性，但彼此之间孤立，并未形成系统，也缺乏对系统内部各系统间互相作用、互相影响的耦合研究。本研究通过对环渤海地区海洋产业生态系统可持续发展能力及耦合协调度研究，对丰富海洋产业生态系统、可持续发展具有一定的理论意义，对指导环渤海地区可持续发展实践具有一定的实践意义。

一、海洋产业生态系统内涵及研究区域概况

（一）内涵界定

本研究认为海洋产业生态系统在本质上也是产业生态的复合体，是属于地球产业生态大复合系统的一部分，海洋产业生态系统是海洋产业子系统、海洋生态子系统和海洋社会子系统相互制约和影响而形成的具有开放性的特殊复合系统，具有明显的海洋特色。海洋产业生态系统的核心是子系统的协调和有机结合，强调其生态化和持续性。海洋产业生态系统是一个更高层次、更为复杂、功能更多元化的系统。海洋产业生态系统中三个子系统相互影响制约，其耦合过程是物质转化、信息传递、能量流动和价值实现的过程。海洋生态子系统、海洋社会子系统和海洋产业子系统通过耦合构成海洋产业生态系统，如图1所示。

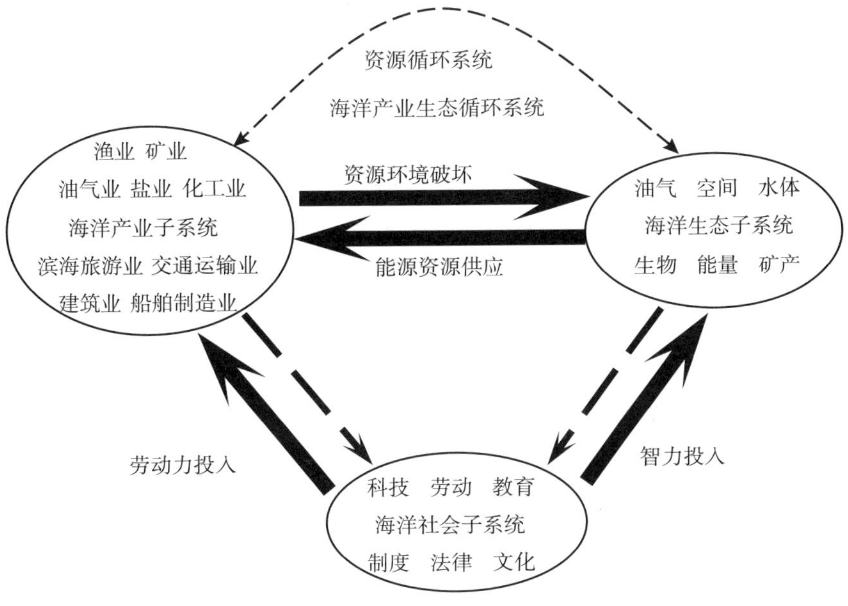

图1　海洋产业生态系统结构模型

海洋产业生态系统可持续发展是指在不损害后代人和代际人公平的前提下，以海域承载力和持续更新为基础，通过不断更新科学技术，减少废物排放，最终实现海洋产业清洁生产。在这一过程中，海洋产业生态系统各子系统通过相互作用、相互反

馈、相互配合后呈现的海洋生态结构功能、海洋产业结构功能与海洋社会结构功能相统一、相对稳定的动态平衡状态，是海洋产业生态系统内各种产业生态社会要素经过协调过程所达到结构有序与功能有效的状态，是在海洋环境不断改善和海洋产业不断发展过程中，海洋产业子系统、海洋生态子系统和海洋社会子系统相互配合、相互协调耦合成的具有和谐关系的良好循环态势。

（二）研究区概况

环渤海地区自然地理条件优越，自然资源较为丰富，海域面积约 33 万平方千米，海岸线长度 5956 千米，海洋经济密度为 3.01 亿元/千米；环渤海地区是我国六大海洋经济区之一，海洋生产总值在六大海洋经济区中位列第一。随着天津滨海新区、河北曹妃甸区和渤海新区、山东蓝色半岛经济区、辽宁沿海经济带等海洋经济区域布局的形成，环渤海经济圈海洋经济发展速度加快，逐渐成为沿海省区转变经济发展方式的新引擎。2014 年环渤海地区海洋生产总值 22152 亿元，占全国海洋生产总值的比重为 37.0%。经过多年的发展，环渤海地区已经建立起较完备的海洋产业体系，以海洋渔业、海洋盐业、海洋化工业、海洋船舶业、海洋生物医药业、滨海旅游业等尤为突出。但近年来环渤海地区的海洋经济发展并不稳定，海洋经济增长速度有所下滑，2007 年环渤海地区海洋生产总值 9542 亿元，占全国海洋生产总产值的 38.3%[14]，2014 年与 2007 年相比比重下降了 1.3%，主要原因是在海洋产业结构方面存在诸多问题，具体表现为：海洋产业结构不合理，海洋新兴产业比重小，过度依靠传统海洋产业，发展缓慢，呈现后劲不足的现象；区域发展差异较大，海洋产业发展不平衡；同时在海洋产业发展过程中产生的海洋生态破坏、环境污染等问题日益显性化，并随之产生了一系列社会问题。因此，增强海洋产业生态系统的可持续发展能力和耦合性，已成为环渤海地区面临的迫在眉睫的任务，科学测度海洋产业生态系统的可持续发展能力则成为科学发展观背景下准确把握环渤海地区开发方向与目标、陆海统筹的关键所在。本研究以环渤海地区三省一市为研究区域进行海洋产业生态系统可持续发展能力及耦合性测度研究，具有明显的代表性。

二、研究方法与数据获取

（一）评价指标体系构建

构建科学合理的指标体系是对环渤海地区海洋产业生态系统可持续发展能力做出科学、系统、合理判断的基础。遵循可持续发展科学性原则、层次性和可比性原则、完备性与简明性原则、相关性与动态性原则[15]，根据海洋产业生态系统的概念及可持续性的特征，将海洋产业生态系统可持续发展能力评价指标体系分成四个层次，其中：第一层次反映海洋产业生态系统总体可持续发展水平。第二层次为系统层，反映海洋各子系统的可持续发展能力状况，包含海洋产业、海洋生态和海洋社会三个子系统可持续发展能力指标。第三层次为结构层，反映各子系统可持续发展能力的影响要素。其中，海洋产业子系统包括海洋产业规模、产业活力、产业结构三个影响要素；海洋生态子系统包含海洋生态压力、生态响应、生态条件三个影响要素；海洋社会子系统包含社会人口、生活质量、教育和科研三个要素。第四层为基础指标，绝大部分指标可以通过统计资料直接获取，部分指标需要通过计算获得，主要包括：（1）产业系统结构熵，反映产业系统的结构发育程度。计算公式：$X_1 = -\sum_{i=1}^{n} P_i \cdot \ln P_i$，$P_i$ 为第 i 种产业比重，n 为第 n 种产业。（2）海洋第三产业增长弹性系数 = 海洋第三产业增长率/海洋生产总值增长率。（3）非渔产业结构指数 = 海洋第二、第三产业产值之和/海洋就业人口。（4）海洋产业竞争优势指数：海洋产业劳动生产率与海洋产业资本产出率之乘积。（5）产业结构转换速率：反映产业系统对环境变化的调整能力，计算公式：$X_2 = \sqrt{\sum (C_i - C_j)^2 \cdot M_i / C_j}$，$C_i$ 为 i 产业平均增长速率，C_j 为地区 GDP 年平均增长速率，M_i 为第 i 产业占地区 GDP 的比重。（6）海洋产业区位商：地区海洋生产总值占全部地区比重与地区国内生产总值占全部地区比重之比。

（二）数据标准化

$$z_{ij} = (z_{ij} - z_{jmin}) / (z_{jmax} - z_{jmin}) \tag{1}$$

$$z_{ij} = (z_{jmax} - z_{ij}) / (z_{jmax} - z_{jmin}) \tag{2}$$

当正向评价时，采用公式（1）计算；

当负向评价时，采用公式（2）计算。

式中，z_{ij} 为指标的统计值；z_{jmax}、z_{jmin} 分别为同一指标的最大值和最小值；i 为第 i 个样本；j 为第 j 个指标。

（三）权重确定

由于主观因素会带来误差，为了增强研究的客观性，本文采用均方差赋权法来确定环渤海地区海洋产业生态系统可持续发展能力评价体系中各层次指标的权重[16]。

1. 基础层指标权重的确定

计算步骤如下[17]：

随机变量的均值

$$E(G_i) = \frac{1}{n}\sum_{i=1}^{n} Z_{ij} \tag{3}$$

G_i 的均方差

$$\partial(G_i) = \sqrt{\sum_{i=1}^{n}[Z_{ij} - E(G_i)]^2} \tag{4}$$

指标 G_j 的权系数

$$W_i = \frac{\partial(G_i)}{\sum_{i=1}^{n}\partial(G_i)} \tag{5}$$

2. 要素层指标权重的确定

环渤海地区海洋产业生态系统可持续发展能力评价指标体系如表 1 所示。

表 1　环渤海地区海洋产业生态系统可持续发展能力评价指标体系

一层	系统层	结构层	具体指标	单位	权重
海洋产业生态系统可持续发展指标	产业子系统可行性 0.2013	产业规模 0.1132	海洋生产总值占 GDP 比重	%	0.0429
			人均固定资产投资	万元/人	0.0357
			人均海洋生产总值	万元/人	0.0356
		产业结构 0.0694	海洋第三产业增长弹性系数		0.0218
			海洋第二产业增长弹性系数		0.0205
			海洋产业结构熵		0.0422
		产业活力 0.0782	海洋产业竞争优势指数		0.0185
			非渔产业结构指数		0.0307
			海洋产业区位熵		0.0417
	生态子系统可协调性 0.4324	生态状态 0.1578	海洋观测台数	个	0.0344
			涉海湿地面积占国土面积比重	%	0.0486
			人均海岸线长度	m/人	0.0506
		生态响应 0.1230	工业固体废物综合利用量	万 t	0.0445
			工业废水综合利用率	%	0.0340
			海洋自然保护区面积	km^2	0.0402
		生态压力 0.1047	万元地区生产总值能耗	吨标准煤/万元	0.0355
			工业废水排放量	万 t	0.0424
			工业固体废物产生量	万 t	0.0316

续表

一层	系统层	结构层	具体指标	单位	权重
海洋产业生态系统可持续发展指标	社会子系统可接受性 0.3663	生活质量 0.0879	城镇居民人均可支配收入	万元/人	0.0335
			人均绿地面积	m^2/人	0.0356
			沿海地区风能发电能力	万 kW	0.0318
		社会人口 0.1411	人口密度	km^2/人	0.0418
			涉海就业人口	万人	0.0450
			城镇化水平	%	0.0411
		教育和科研 0.1247	海洋科技研究人员比重	%	0.0381
			海洋专业硕博士生在校人数	人	0.0429
			海洋科技创新能力	个	0.0391

为提高评价结果的客观性，增强研究的科学性，对系统层（D_k）和结构层（A_r）指标采用客观赋权方法计算其权重。计算步骤如下：

（1）采用线性加权求和方法计算结构层、系统层指标的属性值。计算公式为：

$$A_r = \sum Z_{ij} w_i \tag{6}$$

$$D_k = A_r w_r \tag{7}$$

式中，w_i 为具体指标权重；Z_{ij}为具体指标的标准化值；A_r 为结构层指标属性值；D_k 为系统层指标属性值；w_r 为结构层指标权重。

（2）计算系统层、结构层指标权重。

采用均方差赋权方法，以系统层、结构层指标属性值为随机变量，计算出系统层、结构层指标的权重值 W_k 和 W_r。

（四）评价方法与模型构建

1. 可持续发展能力评价

设环渤海地区海洋产业生态系统可持续发展能力为 S，则有[18]：

$$S = \alpha_1 S_1 + \alpha_2 S_2 + \alpha_3 S_3 \tag{8}$$

其中，S_1、S_2、S_3 分别表示海洋产业子系统、海洋生态子系统和海洋社会子系统的可持续发展能力；α_1、α_2、α_3 表示各子系统的权重；

$$S_1 = \sum_{m=1}^{n} \beta_m \sum_{i=1}^{z} w_i z_{ij} \tag{9}$$

其中，β_m 为海洋产业子系统中第 m 个结构层的权重，n 为海洋产业子系统中结构层个数；z_{ij}为海洋产业子系统中第 m 个结构层中第 i 项指标第 j 年的标准化值；w_i

为海洋产业子系统中第 m 个结构层第 i 个基础指标权重，z 为该具体指标层指标数。S_2、S_3 的函数式与海洋产业子系统类似。

2. 耦合度模型

耦合是指两个或者两个以上系统或运动形式通过各种相互作用而彼此影响的现象，耦合度就是描述系统或要素相互影响的程度[19]。海洋产业子系统、海洋生态子系统、海洋社会子系统之间同样存在相互依存、相互制约的耦合关系，表现为压力—状态—响应之间的互动关系。海洋产业结构的演变会对海洋生态及社会带来压力，海洋生态的破坏也会制约海洋产业结构和社会的发展和提升。本文运用耦合度分析环渤海地区海洋产业子系统、海洋生态子系统和海洋社会子系统三者之间的相互关系，耦合度越高，海洋产业子系统、海洋生态子系统、海洋社会子系统发展越协调，海洋产业生态系统发育越好，海洋产业生态系统可持续发展能力越强。

由于海洋产业子系统、海洋生态子系统、海洋社会子系统是三个不同而又相互作用的系统，对各系统耦合度评价一般采用几何平均法和线性加权法[20]。

海洋产业子系统综合评价函数为：

$$m(x) = \sum_{i=1}^{m} a_j x_j$$

其中，a_j 为海洋产业子系统特征的指标权重；m 为指标个数；x_j 为海洋产业子系统的第 j 个指标的标准化值。若计算的 m(x) 数值越高，海洋产业结构的发展水平越合理；数值越低，海洋产业结构的发展水平越不合理。

海洋生态子系统综合评价函数为：

$$l(y) = \sum_{i=1}^{m} b_j y_j$$

其中，b_j 为海洋生态子系统特征的指标权重；m 为指标个数；y_j 为海洋生态子系统的第 j 个指标的标准化值。若计算的 l(y) 数值越高，海洋生态环境的发展状况越好；数值越低，海洋生态环境的发展状况越差。

海洋社会子系统综合评价函数为：

$$n(z) = \sum_{i=1}^{m} c_j z_j$$

其中，c_j 为海洋社会子系统特征的指标权重；m 为指标个数；z_j 为海洋社会子系统的第 j 个指标的标准化值。若计算的 n(z) 数值越高，海洋社会子系统发展状况越好；数值越低，海洋社会子系统的发展状况越差。

借鉴物理学中的容量耦合（capacitive coupling）概念及容量耦合系数模型[21]，可以得到海洋产业生态系统及各子系统耦合度：

$$C = 2 \times \{m(x) \times l(y) / [m(x) + l(y)]^2\}^k \tag{10}$$

其中，C 代表海洋产业子系统与海洋生态子系统耦合度，k 在公式中代表调节系数，k 取 1/2。

耦合度是反映海洋产业生态系统耦合程度的重要指标，对于判别海洋产业生态系统及各子系统耦合作用的强度、预警其发展秩序等具有重要的意义。然而，在有些情况下耦合度对海洋产业生态系统及各子系统的整体“功效”与“协同”效应难以做出有效的反映[21]，特别是在环渤海地区内部对比研究的情况下，单纯根据耦合度判别有可能产生误导，因为各个省市的海洋产业生态系统都有其动态和不平衡的特性。进一步构造耦合度公式：

$$H = \sqrt{C \times [\alpha \cdot m(x) \beta \cdot l(y)]} \tag{11}$$

其中，H 是海洋产业子系统与海洋生态子系统的耦合度，α、β 分别指海洋产业子系统、海洋生态子系统的权重，取 $\alpha = 0.2013$，$\beta = 0.4324$；海洋产业子系统与海洋社会子系统的耦合度、海洋生态子系统与海洋社会子系统的耦合度含义同上。

构造海洋产业生态系统耦合度公式：

$$C = 3 \times \{m(x) \times l(y) \times n(z) / [m(x) + l(y) + n(z)]^3\}^k \tag{12}$$

其中，C 代表海洋产业生态系统耦合度，k 在公式中代表调节系数，k 取 1/3。

进一步构造海洋产业生态系统耦合度公式：

$$H = \sqrt{C \times [\alpha \cdot m(x) \beta \cdot l(y) \theta \cdot n(z)]} \tag{13}$$

其中，H 是海洋产业生态系统的耦合度，α、β、θ 分别为海洋产业子系统、海洋生态子系统和海洋社会子系统的权重，所以 $\alpha = 0.2013$，$\beta = 0.4324$，$\theta = 0.3663$。根据前人的研究经验[22]和环渤海地区海洋产业生态系统的发展特征，对耦合度进行分类：当 $0 < H \leq 0.4$ 时，为低度协调的耦合；当 $0.4 < H \leq 0.5$ 时，为中度协调的耦合；当 $0.5 < H \leq 0.65$ 时，为较高度协调的耦合；当 $0.65 < H < 8$ 时，为高度协调的耦合；当 $0.8 \leq H < 1$ 时，为极度协调耦合。

（五）数据获取

文中所涉及的数据主要来自 2007～2014 年《中国海洋统计年鉴》[23]《天津市统计年鉴》[24]《河北经济年鉴》[25]《辽宁统计年鉴》[26]《山东统计年鉴》[27]及国家各相关部门统计公报中的数据。

三、结果分析

采用以上研究方法，计算出环渤海地区三省一市海洋产业生态系统及各子系统可持续发展能力指数，并对海洋产业生态系统及各子系统进行耦合测度，发现环渤海地区海洋产业生态系统可持续发展能力及耦合度呈现如下特征：

（一）环渤海地区可持续发展能力分析

1. 从空间维度分析，环渤海地区可持续发展能力呈现山东省 > 天津市 > 辽宁省 > 河北省的空间分布特征

如图 2 所示，山东省海洋产业生态系统可持续发展能力指数最高为 0.4168，其次为天津市和辽宁省，辽宁省为 0.3367，天津市为 0.3333，最低的河北省为 0.1567；从海洋产业子系统可持续发展能力指数来看，呈现天津市 > 山东省 > 辽宁省 > 河北省的空间分布特征，天津市海洋产业子系统可持续发展能力指数最高为 0.5487，河北省海洋产业子系统可持续发展能力指数最低为 0.2668，两者相差了 0.2819，差距较大。从海洋生态子系统可持续发展能力指数来看，呈现山东省 > 天津市 > 辽宁省 > 河北省的空间分布特征，最高的山东省可持续发展能力指数为 0.4211，天津市和辽宁省可持续发展能力指数分别为 0.3411 和 0.3221，最低的河北省可持续发展能力指数为 0.2494。从海洋社会子系统可持续发展能力指数来看，呈现山东省 > 辽宁省 > 天津市 > 河北省的分布特征，其中山东省可持续发展能力指数为 0.4189，辽宁省可持续发展能力指数为 0.3143，天津市可持续发展能力指数为 0.2152，河北省可持续发展能力指数为 0.2138。

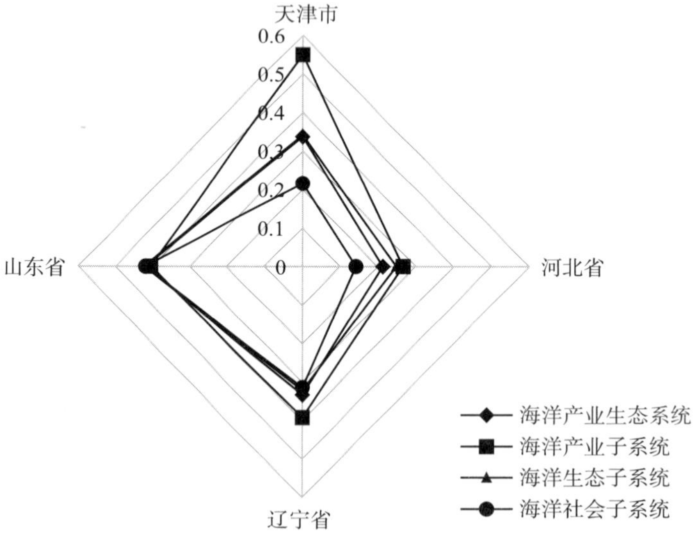

图 2　环渤海地区海洋产业生态系统可持续发展能力比较

2. 从时间维度分析，环渤海地区可持续发展能力指数不断提升

由图3可知，环渤海地区海洋产业生态系统可持续能力不断增强，海洋产业生态系统可持续发展能力指数由2006年的0.3677上升到2013年的0.5252，年均增长2.25%，海洋产业子系统可持续发展能力指数由0.3098上升到0.4224，其中2006～2007年和2008～2009年出现下降，其主要原因是区域内部海洋第二、第三产业增长弹性系数下降；海洋生态子系统可持续发展能力指数由2006年的0.4917上升到2013年的0.6222，其中2007～2008年出现下降，其主要原因是工业废水排放量增加所致；海洋社会子系统可持续发展能力指数由2006年的0.3017上升到2013年的0.5311。

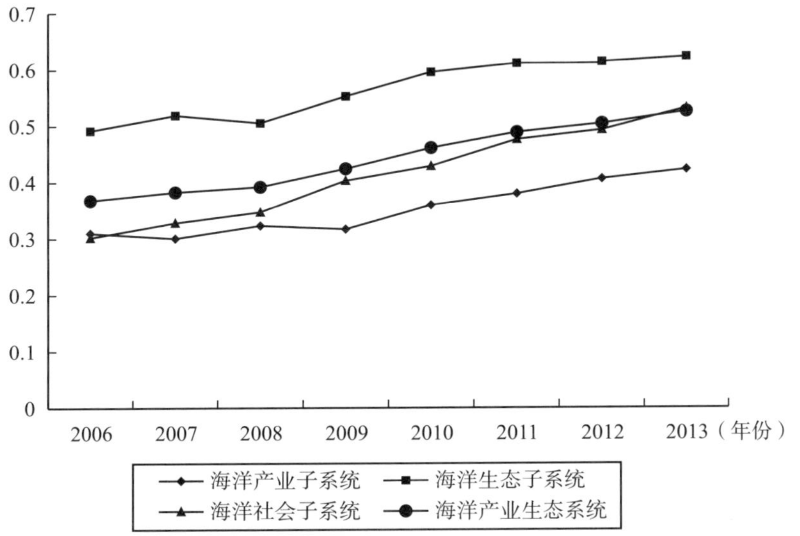

图3　2006～2013年环渤海地区海洋产业生态系统及各子系统可持续发展能力指数

3. 区域内部各省市海洋产业生态系统可持续发展能力分析

由图4看出，环渤海地区各省市海洋产业生态系统可持续发展能力不断增强。天津市海洋产业生态系统可持续发展能力指数由2006年的0.4003上升到2013年的0.5327；河北省海洋产业生态系统可持续发展能力指数由0.2196上升到0.3359；辽宁省海洋产业生态系统可持续发展能力指数由0.385上升到0.5559；山东省海洋产业生态系统可持续发展能力指数由0.4660上升到0.6763；2009年以前辽宁省海洋产业生态系统可持续发展能力指数低于天津市，2009～2013年辽宁省可持续发展能力指数高于天津市，2008年后辽宁省海洋产业生态系统可持续发展能力发展较快，2012～2013年发展速度放缓。

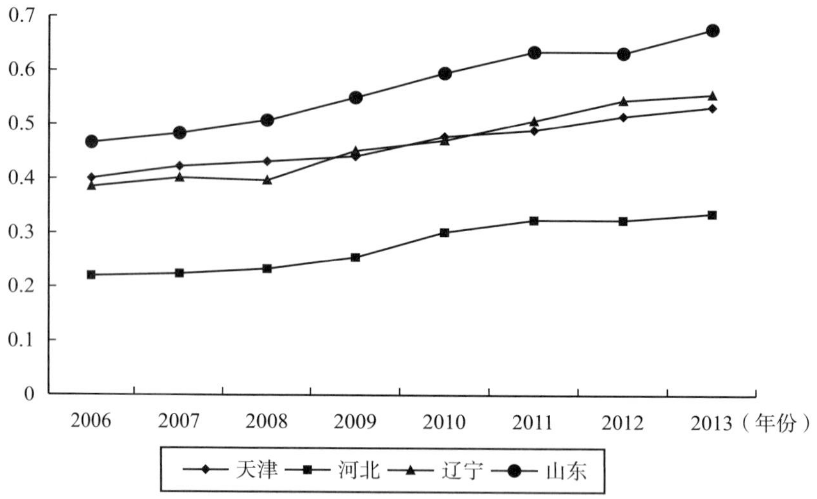

图 4　2006～2013 年环渤海地区各省市海洋产业生态系统可持续发展能力指数

设 V_A、V_B、V_C 分别为海洋产业子系统、海洋生态子系统、海洋社会子系统可持续发展的演化速度。

对环渤海地区海洋产业生态系统可持续进行等级划分[28]，划分标准如表 2 所示，通过表 3 可以看出，环渤海地区海洋产业生态系统的等级为：2007 年为产业衰退型，2008 年为生态脆弱性，2009 年为产业衰退型，2010～2013 年为综合可持续型。虽然环渤海地区海洋产业生态系统可持续发展能力等级较高，但近几年来海洋产业子系统、海洋生态子系统、海洋社会子系统以及海洋产业生态系统处于不断波动中而且变化率的增加速度总体呈下降趋势。

表 2　环渤海地区海洋产业生态系统可持续评价标准

V_A	V_B	V_C	特点	类型
>0	>0	>0	海洋产业增长较快；海洋生态适宜；海洋社会稳定	综合可持续型
>0	>0	<0	海洋产业增长；海洋生态适宜；产业与生态相互制约较小；海洋社会发展落后	社会滞后型
>0	<0	>0	海洋生态环境恶化；海洋产业和社会对海洋生态的压力较大	生态脆弱性
<0	>0	>0	海洋生态环境和海洋社会环境稳定；海洋产业发展缓慢滞后	产业衰退型
>0	<0	<0	海洋产业增长较快；海洋生态恶化；海洋社会发展滞后	生态社会落后型

续表

V_A	V_B	V_C	特点	类型
<0	<0	>0	海洋社会发展快速稳定；海洋生态恶化；海洋产业落后或衰退	产业生态落后型
<0	>0	<0	海洋生态适宜；海洋产业增长缓慢或倒退；海洋社会落后或倒退	产业社会落后型
<0	<0	<0	海洋生态恶化；海洋产业和海洋社会落后或倒退	不可持续型

表3　　环渤海地区海洋产业生态系统可持续发展变化率

年份	海洋产业子系统可持续变化率	海洋生态子系统可持续变化率	海洋社会子系统可持续变化率	海洋产业生态系统可持续变化率
2007	-0.0304	0.0553	0.0875	0.0403
2008	0.0751	-0.0264	0.0580	0.0241
2009	-0.0192	0.0935	0.1606	0.0825
2010	0.1342	0.0771	0.0640	0.0873
2011	0.0563	0.0261	0.1100	0.0599
2012	0.0701	0.0044	0.0354	0.0315
2013	0.0402	0.0144	0.0781	0.0421

（二）环渤海地区海洋产业生态系统耦合分析

通过对环渤海地区海洋产业子系统、海洋生态子系统、海洋社会子系统可持续发展能力进行耦合度分析。发现环渤海地区海洋产业生态系统耦合协调度呈现如下特征：

1. 从空间维度分析

如表4所示，海洋产业子系统与海洋生态子系统耦合协调度呈现山东省>天津市>辽宁省>河北省的空间分布特征；海洋产业子系统与海洋社会子系统耦合协调度呈现山东省>辽宁省>天津市>河北省的空间分布特征；海洋生态子系统与海洋社会子系统耦合协调度呈现山东省>辽宁省>天津市>河北省的空间分布特征；海洋产业生态系统耦合协调度呈现山东省>辽宁省>天津市>河北省的空间分布特征；环渤海地区海洋产业生态系统耦合度与海洋产业生态系统可持续发展能力空间分布基本一致。其中，天津市海洋产业子系统与海洋生态子系统为较高协调的耦合，海洋产业子系统与海洋社会子系统、海洋生态子系统与海洋社会子系统、海洋产业生态系统的耦合度均为中度协调的耦合；河北省海洋产业子系统与海洋生态子系统耦合度中度协调的耦合，海洋产业子系统与海洋社会子系统、海洋生态子系统与海洋社会子系统、海洋产业生态系统的耦合度均为低度协调的耦合；辽宁省海洋产业子系统与海洋社会子系统耦合度为较高协调的耦合，海洋产业子系统与海洋生态子系统、海洋生态子系统与海洋社会子系统、海洋产业生态系统的耦合度均为中度协调的耦合；山东省海洋生态子系统与海洋社会子系统耦合度为中度协调的耦合，海洋产业子系统与海洋生态子系统、海洋产业子系统与海洋社会子系统、海洋产业生态系统的耦合度均为较高协调的耦合。

表 4　　环渤海地区海洋产业生态系统耦合协调度指数

地区	海洋产业与海洋生态耦合协调度	海洋产业与海洋社会耦合协调度	海洋生态与海洋社会耦合协调度	海洋产业生态系统耦合协调度
天津市	0. 5001	0. 4695	0. 4126	0. 4571
河北省	0. 4018	0. 3925	0. 3177	0. 3707
辽宁省	0. 4661	0. 5044	0. 4392	0. 4702
山东省	0. 5131	0. 5792	0. 4844	0. 5271

2. 从时间维度分析

如表 5 所示，2006 ~2013 年环渤海地区海洋产业生态系统耦合度及各子系统耦合度总体都呈现上升趋势，耦合度类型提高。其中海洋产业子系统与海洋生态子系统耦合度由 0. 4502 上升到 0. 5463，由中度协调的耦合上升到较高协调的耦合；海洋产业子系统与海洋社会子系统耦合度由 0. 5794 上升到 0. 697，耦合度类型由较高协调的耦合上升到高度协调的耦合；海洋生态子系统与海洋社会子系统耦合度由 0. 4478 上升到 0. 545，耦合度类型由中度协调的耦合上升到较高协调的耦合；海洋产业生态系统耦合度由 0. 4606 上升到 0. 6147，耦合度类型由中度协调的耦合上升到较高协调的耦合。其中，海洋产业子系统与海洋社会子系统耦合协调度最好，耦合协调度等级最高，海洋生态子系统与海洋社会子系统耦合协调度最差。

表 5　　2006 ~2013 年环渤海地区海洋产业生态系统耦合协调度指数

年份	海洋产业子系统与海洋生态子系统耦合协调度	海洋产业子系统与海洋社会子系统耦合协调度	海洋生态子系统与海洋社会子系统耦合协调度	海洋产业生态系统耦合协调度
2006	0. 4502	0. 5794	0. 4478	0. 4606
2007	0. 4577	0. 5907	0. 4543	0. 4721

续表

年份	海洋产业子系统与海洋生态子系统耦合协调度	海洋产业子系统与海洋社会子系统耦合协调度	海洋生态子系统与海洋社会子系统耦合协调度	海洋产业生态系统耦合协调度
2008	0.4590	0.5954	0.4647	0.4802
2009	0.4863	0.6281	0.4847	0.5183
2010	0.5075	0.6468	0.5130	0.5542
2011	0.5267	0.6700	0.5305	0.5843
2012	0.5393	0.6826	0.5298	0.5960
2013	0.5463	0.6970	0.5450	0.6147

（三）因子分析

1. 海洋产业子系统分析

环渤海地区海洋产业规模不断扩大，海洋产业结构不断优化，海洋产业活力不断增强；海洋生产总值、人均固定资产投资不断增加，2006～2013年，天津市人均固定资产投资由1.69万元上升到6.20万元，河北省人均固定资产投资由0.79万元上升到3.16万元，辽宁省人均固定资产投资由1.33万元上升到5.72万元，山东省人均固定资产投资由1.19万元上升到3.78万元；但环渤海地区海洋产业结构不尽合理，山东省、天津市、河北省都是二、三、一的海洋产业结构，与其他地区三、二、一的海洋产业结构相比不合理，辽宁省虽然形成了三、二、一的海洋产业结构，但海洋第二、第三产业产值较低，海洋第一产业产值比重大。海洋第二产业比重始终居高不下且呈现上升态势，使得环渤海地区海洋经济依然具有对海洋资源的高度依赖性，海洋产业结构调整成效尚不能得到有效发挥，产业结构需要进一步优化调整。

2. 海洋生态子系统分析

环渤海地区海洋生态环境不断改善，海洋生态子系统可持续发展能力不断增强。海洋工业固体废物排放量减少，废弃物利用量不断增加，工业废水利用率不断提升；天津市工业废水利用率已达到100%，河北省和山东省的工业废水利用率都达到99%，辽宁省工业废水利用率达到94%；万元地区的生产总值能耗不断下降，天津市万元地区的生产总值能耗由1.069下降到0.563，河北省万元地区的生产总值能耗由1.895下降到1.195，辽宁省万元地区的生产总值能耗由1.775下降到1.031，山东省万元地区的生产总值能耗由1.231下降到0.768。但是由于环渤海地区地形闭塞，海水交换能力差，海洋灾害频发，加之人口、工业密集，导致海洋自然保护区面积、人均海岸线长度减小，海洋生态环境依旧压力很大。

3. 海洋社会子系统分析

环渤海地区区位条件优良，城镇化水平高，科技和创新水平领先，人口素质高，社会发展基础好。随着海洋产业的不断发展，沿海地区科技水平持续提升，基础设施建设进一步完善，人民生活质量不断提高，各项社会事业显著进步。城镇居民人均可支配收入、人均绿地面积、涉海就业人口不断增加。其中，天津市城镇居民人均可支配收入由14283元上升到32658元；河北省城镇居民人均可支配收入由10304.56万元上升到22580万元；辽宁省城镇居民人均可支配收入由10369.61万元上升到25578万元；山东省城镇居民人均可支配收入由12192.4万元上升到28264万元。但区域内部海洋科技和人才实力差距较大，山东省科技实力具有绝对优势，天津市和辽宁省的海洋科技实力处于中上游水平，河北省海洋科技实力最弱，山东省海洋科技对海洋经济的贡献率为50%，远远高出全国的20%平均水平，天津市、辽宁省和河北省的海洋科技成果转化率较低，人才类型中从事基础海洋科技研究人员居多，具有交叉学科知识的应用型研究和高层次海洋技术人员较少。海洋社会子系统与海洋生态子系统耦合度较低，在海洋社会发展过程中要注重海洋生态环境保护。

四、结　　论

本研究提出了海洋产业生态系统的概念，设计了用以描述海洋产业生态系统可持续发展能力评价指标，尝试用均方差法确定指标权重，并采用可持续函数模型的方法对海洋产业生态系统进行综合测度，运用耦合度模型确定了环渤海地区海洋产业生态系统及各子系统耦合度，并对可持续发展能力及耦合度进行分类，通过对环渤海地区进行实例分析，得出环渤海地区海洋产业生态系统可持续发展能力及耦合度的特征。结果表明：

（一）从海洋产业生态系统可持续发展能力分析

（1）从空间维度分析，环渤海地区可持续发展能力呈现山东省 > 天津市 > 辽宁省 > 河北省的空间分布特征。（2）从时间维度分析，环渤海地区各省市海洋产业生态系统可持续发展能力不断增强，可持续能力等级提升。天津海洋产业生态系统可持续发展能力指数由2006年的0.4003上升到2013年的0.5327；河北省海洋产业生态系统可持续发展能力指数由0.2196上升到0.3359；辽宁省海洋产业生态系统可持续发展能力指数由0.385上升到0.5559；山东省海洋产业生态系统可持续发展能力指数由0.466上升到0.6763；2009年以前辽宁省海洋产业生态系统可持续发展能力指数低于天津市，2009～2013 年辽宁省可持续发展能力指数水平高于天津市，2008 年后辽宁省海洋产业生态系统可持续发展能力发展较快，2012～2013 年发展速度放缓。环渤海地区海洋产业生态系统可持续发展能力由产业衰退型—生态脆弱性—产业衰退型—综合可持续型。

（二）从海洋产业生态系统耦合度分析

（1）从空间维度分析，环渤海地区海洋产业生态系统耦合协调度呈现山东省 > 辽宁省 > 天津市 > 河北省的空间分布特征，天津市海洋产业生态系统耦合协调度指数为 0.4571，为中度协调的耦合；河北省海洋产业生态系统耦合协调度指数为 0.3707，为低度协调的耦合；辽宁省海洋产业生态系统耦合协调度指数为 0.4702，为中度协调的耦合；山东省海洋产业生态系统耦合协调度为 0.5271，为较高协调的耦合。（2）从时间维度分析，2006～2013 年环渤海地区海洋产业生态系统耦合协调度水平不断提升，海洋产业生态系统耦合度由 0.4606 上升到 0.6147，耦合度类型由中度协调的耦合上升到较高协调的耦合。

（三）从因子分析得出

通过对环渤海地区海洋产业生态系统可持续发展能力及耦合度的影响因子分析，找到环渤海地区海洋产业生态系统可持续发展的优势及劣势，从而对环渤海地区的可持续发展具有一定的参考意义。

参考文献

［1］邬建国，郭晓川，杨稢等．什么是可持续性科学？［J］．应用生态学报，2014，25（1）：1－11.

［2］Wu J G. Landscape sustainability science：Ecosystem services and human well-being in changing landscapes［J］. Landscape Ecology，2013，28：999－1023.

［3］赵林飞．产业生态化的若干问题研究［D］．杭州：浙江大学，2003，11.

［4］李博．辽宁沿海地区人海经济系统脆弱性评价［J］．地理科学，2014，34（6）：711－716.

［5］张耀光，刘锴，刘桂春，等．基于定量分析的辽宁区域海洋经济地域系统的时空差异［J］．资源科学，2011，33（5）：863－870.

［6］高乐华，高强．海洋生态经济系统交互胁迫关系验证及其协调度测算［J］．资源科学，2012，34（1）：173－184.

[7] Read P, Fernandes T. Management of environmental impacts of marine aquaculture in Europe [J]. Aquaculture, 2003, 226: 139 – 163.

[8] Field J G. The Gulf of Guinea Large Marine Ecosystem: Environmental Forcing and Sustainable Development of Marine Resources [J]. Journal of Experimental Marine Biology and Ecology, 2003, 296: 128 – 130.

[9] Tom T. Environmental and natural resource economics [M]. New York: Scott, Foresman and Company, 1988.

[10] 张德贤. 海洋经济可持续发展理论研究 [M]. 青岛: 海洋大学出版社, 2000.

[11] 王诗成. 关于实施海洋可持续发展战略的思考 [J]. 海洋信息, 2001 (3): 23 – 25.

[12] 张耀光, 崔立军. 辽宁省海洋区域经济布局机理与可持续发展研究 [J]. 地理研究, 2001 (3): 338 – 346.

[13] 韩增林. 试论我国海水资源可持续开发利用——以大连市为例 [J]. 经济地理, 1996 (2).

[14] 黄盛. 环渤海地区产业结构调整优化研究 [D]. 青岛: 中国海洋大学, 2013: 69 – 73.

[15] 孙久文. 区域经济学 [M]. 北京: 首都经济贸易大学出版社, 2002.

[16] 仇方道, 佟连军, 姜萌. 东北地区矿业城市产业生态系统适应性评价 [J]. 地理研究, 2011, 30 (2): 243 – 255.

[17] 张雷. 能源生态系统 [M]. 北京: 科学出版社, 2007.

[18] 高乐华. 我国海洋生态经济协调发展测度与优化机制研究 [D]. 青岛: 中国海洋大学, 2012.

[19] 周宏. 现代汉语辞海 [M]. 北京: 光明日报出版社, 2003: 820 – 821.

[20] 曾珍香. 可持续发展协调性分析 [J]. 系统工程理论与实践, 2001 (3): 18 – 21.

[21] 刘耀彬, 李仁东, 宋学锋. 中国城市化与生态环境耦合度分析 [J]. 自然资源学报, 2005, 1 (20): 105 – 112.

[22] 胡喜生, 洪伟, 吴承祯. 福州市土地生态系统服务与城市化耦合度分析 [J]. 地理科学, 2013, 33 (10): 1216 – 1223.

[23] 国家海洋局. 中国海洋统计年鉴 (2006 – 2013) [M]. 北京: 海洋出版社, 2007 – 2014.

[24] 天津统计局. 天津统计年鉴 (2006 – 2013) [M]. 北京: 中国统计出版社, 2007 – 2014.

[25] 河北省人民政府．河北经济年鉴（2006－2013）[M]．北京：中国统计出版社，2007－2014.

[26] 辽宁统计局．辽宁统计年鉴（2006－2013）[M]．北京：中国统计出版社，2007－2014.

[27] 山东统计局．山东统计年鉴（2006－2013）[M]．北京：中国统计出版社，2007－2014.

[28] 赵月皎．山东省海洋生态经济可持续发展评价及模式研究 [D]．青岛：中国海洋大学，2013.

Analysis of Sustainable Development Capability and Coupling Measurement of Marine Industry Ecosystem in Bohai-rim Region

Li Bo　Zhang Zhiqiang

Abstract: Sustainability analysis is one of the frontier and hot field in the current global environmental change science. The industrial ecology is an industry development idea which is based on the concept of sustainable development, and it solves the contradiction between economic development and environmental protection as the fundamental position. Marine industry ecosystem sustainability development is the inevitable choice under the limited conditions in marine resources. This study adopts mean square deviation weighting method to identify each subsystem weight with the example of Bohai-rim region, to establish marine ecosystem sustainability development model. The model is designed with coupling coordination degree to identify the coupling coordination degree. The result of the study has showed: (1) to analyze from its spatial dimension, it presents a sequence of the space distribution feature from high to low: Shandong, Tianjin, Liaoning, Hebei. And in 2009, the ability of Liaoning marine industry ecosystem sustainability development exceed that of Tianjin, its coupling coordination degree present the sequence of space distribution feature from high to low: Shandong, Liaoning, Tianjin, Hebei. (2) to analyze from time dimension, Bohai-rim region marine industry ecosystem sustainability development ability increased over time from 2006 to 2013, its coupling coordination degree conducted constantly too. Marine industry ecosystem sustainability development ability presented the new trend: industrial decline type-ecological fragile type-industrial decline type-comprehensive sustainable type. Marine industry ecosystem coupling coordination degree has increased from general to higher level. (3) Using factor analysis explores the factors affecting the marine industrial ecosystem in the Bohai Rim.

Keywords: Marine Industry Ecosystem Sustainability Coupling Coordination Degree Bohai-rim Region

国企混合所有制改革红利测算与实现对策

刘涤非 曹艳秋*

摘 要：随着经济发展与市场竞争挑战，国企混合所有制改革评测已经成为国企混改中备受关注的问题。本文通过测算2006~2016年三种不同所有制企业的效率指标，并计算出2009~2016年国企改革红利的具体数值，得出结果表明：从整体上看国企改革效果良好，但仍有局部波动，因此应当加大改革力度，完善改革制度。通过加快制度创新，提升国有企业效益；大力推进供给侧结构性改革；推进国有资产管理体制的完善；推进国有企业国际竞争力的提升四种具体途径，推动国企混合所有制改革顺利进行。

关键词：国有企业 混合所有制 改革红利

一、问题的提出

自20世纪80年代以来，我国国有企业改革思路不断深化。在1993年的十四届三中全会上提出了财产混合所有，实现了国有资产战略重组，在探索过程中逐步加快改革进程；1997年党的十五大提出公有制实现形式的多样化，提出股份制可以作为公有制的实现形式；1999年党的十五届四中全会，要求优势国有企业推行股份制，提出发展混合所有制经济；2002年党的十六大提出，要求大部分国有企业推行股份

* 刘涤非（1997—），辽宁大连人，辽宁大学经济学院本科生，研究方向：国民经济学，电子邮箱：1277769910@qq.com；曹艳秋（1969—），河北昌黎人，辽宁大学经济学院副教授，经济学博士，研究方向：政治经济学、信息经济学。

制，至此建立了现代企业制度；2003 年党的十六届三中全会，要求股份制成为公有制的主要实现形式。在党的正确领导下，国有企业取得了傲人的成绩，为我国经济、社会的发展做出了巨大的贡献。随着国内和国际形势的不断变化，党中央在十八届三中全会后发布的《中共中央关于全面深化改革若干重大问题的决定》中，明确提出了发展混合所有制经济："必须毫不动摇鼓励、支持、引导非公有制经济发展，激发非公有制经济活力和创造力。"通过国企实力与民企活力的有效融合，构建出一个更加公平、稳定的市场环境，激发中国企业的核心竞争力。

表 1 显示的是 2016 年我国不同所有制企业的经营状况，可以看出国有及国有控股工业企业每单位产值创造的利润率小于股份制工业企业和私营工业企业。私营工业企业可以比国有及国有控股企业吸纳更多的就业人口。国有企业存货周转率、流动比率、总资产贡献率与工业成本费用利润率均小于集体企业和私营企业，资产负债率、人均本年应交增值税则高于股份制企业和私营企业，说明在总体层面上国有及国有控股企业的企业绩效小于股份制企业和私营企业。总之，从数据上看股份制企业和私营企业多方面的效益是高于国有及国有控股企业的，而这些与非国有企业灵活的市场应对机制和管理体制创新有密不可分的联系。

表 1　　2016 年不同所有制工业企业的经营状况

指标	国有及国有控股企业	股份制企业	私营企业
资产利润率（%）	3.02	5.28	10.88
工业成本费用利润率（%）	5.49	8.18	6.68
存货周转率（%）	7.77	8.29	15.32
总资产贡献率（%）	11.81	15.25	22.24
流动资产周转次数（次/年）	1.74	1.65	3.49
流动比率（%）	0.85	1.16	1.22
资产负债率（%）	61.58	51.09	50.67
万元资产就业率（%）	0.41	0.52	1.42
人均本年应交增值税（万元/人）	6.94	6.10	3.51

资料来源：根据《中国工业统计年鉴》（2017）相关数据整理计算所得。

目前，诸多国内外研究证明了国有企业混合所有制改革具有多方面的优势。本文将国有企业混合所有制改革的利好进行了整理，并且使用熵权评价方法系统地评估了我国混合所有制混改的红利，接着比较了不同所有制工业企业的效率差异，最后，提出提高国企竞争力的相应建议。

二、混合所有制改革的利好

国有企业混合所有制改革的利好体现在以下几个方面：

（一）完善公司治理结构

混改带来的公司治理结构的优化，来源于股权制衡与决策体制优化。国外研究者中，埃斯特林和佩罗亭（Estrin and Perotin，1991）认为国有控股的企业不以利润最大化为目标，这种企业的治理模式不合理，将导致较差的绩效。施莱费尔和维什尼（Shleifer and Vishny，1994）认为更高的非国有股权比例会增加政府干预企业的成本，使企业减少政策性负担，有利于提升公司业绩。研究表明国有股比例同公司绩效之间存在左高右低的"U"型关系。刘小玄和李寿喜（2007）发现当国有股比例在10%～50%，尤其是30%左右时，企业绩效最优。张祥建、郭丽虹、徐龙炳（2015）认为，明确划分股东、董事会、高级管理人员各自的职责边界，设计合理的董事会结构，会提高董事会的运作效率和市场化水平。白重恩、路江涌和陶志刚（2006）认为，由于代理成本降低和管理费用率下降使得改制后企业不仅提升了经济效益，还具有较好的社会效益。建立完善的公司治理结构，有利于促进经营思维、决策机制、监督机制、创新机制等方方面面的高效融合。通过混合所有制改革形成的治理结构，使得股东、董事会、高级管理人员的职责边界划分明确，各利益相关方权、责、利协调统一，更加平衡，从而形成各层级协调运转、科学合理、有效制衡的结构。高层治理中所体现出的企业家精神，对管理效率的提升有着重要意义：私有股权比例越高的企业，越具有"企业家精神"，更能通过企业家创新活动促进企业成长，提高盈利能力。合理的管理结构，提高生产要素的流动性，降低要素流动成本，提高了公司的运作效率和市场化水平，优化交易方式，使得不同个体对公司绩效的贡献程度有明确划分；有利于高管人力资本价值、收益、发展空间的提高，企业管理层在监督和激励机制下更有动力从事创新活动，减少寻租和代理问题，提高国有经济的控制力、影响力和带动力。此外，股权制衡的优劣程度直接影响公司绩效，国有股比例和公司绩效呈"U"型关系，股权结构的优化会提高效益，从而形成改革红利。

（二）打破预算软约束体制

林毅夫等（2004）通过对软预算约束问题的分析，提出剥离政策性负担为硬化国有企业软约束提供条件。林毅夫等（2004）同时也指出，当市场竞争达到一定程度时，政策性负担必然带来国有企业的预算软约束，而预算软约束同企业的公有制性质无关。随着股份制的改革，国企的规则机制逐步变得规范，要更加注重防范公司治理结构松散而流于形式、内部人控制现象严重、缺乏有效的激励机制等问题。研究表明，国有企业本身相对于其他所有制企业创新效率低下，因此国有企业的经理人需要创新投资的激励或动力。当市场竞争达到一定程度，政策性负担会带来国有企业的预算软约束，不存在预算软约束的企业未来发展得更好，且预算软约束存在滞后效应。混合所有制改革积极全面推行，可以剥离国有企业的政策性负担。因此，国有企业进行混合所有制改革，有利于建立有效的激励机制，如劳动人事、薪酬、奖惩、职称制度等方面，使改制后的企业提高绩效、迸发活力；有利于理顺政府和市场的关系，让市场起决定性作用并更好地发挥政府的作用；有利于缓解国企一股独大的现象，增强决策的公平性和科学性，更好地解决大股东与中小股东之间的利益冲突；有利于梳理不同所有制相互之间的股权关系，形成相互促进、相互制衡的股权关系，把决策建立在不同股东利益统一的基础之上。

（三）明确企业的经济效益目标

在市场经济中，国有企业需要兼顾社会效益和经济效益，因而具有经济性和社会性双重属性，国有企业的双重属性决定了国有企业承担经济和社会双重功能。由于国有企业承担着财政税收负担等一系列社会责任，导致其经济效益不突出。国有企业作为调节经济的工具，实施逆周期经济调节，当非国有企业处于困境，以大面积的并购或接管的方式适度扩张边界，平抑经济波动，起制动作用；在经济复苏阶段，若非公有经济无进入市场意愿的时候，国有企业会率先进入市场，刺激其他所有制企业进入。当经济处于回暖的繁荣阶段，国有经济再通过资本运作的方式主动从一些经营性领域退出。国有企业的社会功能很大程度上是与企业的社会责任联系在一起，国有企业是社会责任的主要承担者，国有企业通过对企业员工、市场消费者、社区、政府、环境等责任对象履行社会责任，并承担社会功能。乔明哲、刘福成（2010）认为，转变政府职能、实现政企分开，建立起以市场为导向、与国际接轨的社会责任体系，通过公共财政由政府和社会共同担当监督者，是保障竞争性国有企业合理地履行社会责任的前提。随着混合所有制改革的推进，可以有效降低企业政策性负担，在有利于企业明确经济效益目标的同时，提升社会效益。

（四）形成有效竞争的市场结构

国有企业是在关系国家安全、国民经济命脉和重要国计民生领域占据主导地位的企业，不仅仅是市场经济条件下国家实施宏观调控的需要，更重要的是巩固社会主义制度、促进地区发展平衡、保证国家政治经济正确的发展方向、维护国家安全的必然选择。但是，国有企业的垄断会挤占非国有企业的生存空间，唯有公平的市场环境才能提高社会的福利水平。盛丹（2013）认为，国有企业改制、行业竞争程度和市场化改革之间存在一定的“协同效应”：市场化程度的提高和竞争机制的引入，有利于发挥国有企业改制对社会福利的积极作用。推进国有企业混合所有制改革，就是要使企业进入的管制放松，并破除国有企业的垄断占位；不同所有制企业、各行业之间混合，弥补市场化不足；引入公平竞争机制，从而实现竞争中立与机会、资源的公平，为企业营造一个公平竞争的市场环境。此外，尽管在自然垄断行业，混合所有制改革不能显著提升企业生产效率，但在非自然垄断的竞争性环节，国有企业作为一种规制垄断市场的政策工具是有益的。在垄断行业中，引入多元投资主体，建立公平、透明的竞争机制，在此基础上加强规制，最终形成有效竞争的市场结构。

三、不同所有制结构下中国工业企业效率的实证比较

本文运用熵权评价方法，结合中国 2006 ~ 2016 年的不同所有制工业企业的面板数据，比较分析国有及国有控股工业企业、股份制工业企业、私营工业企业之间的效率水平，客观反映在不同所有制结构下工业企业的时序发展状况及效率差异，以及测算出近年来国企的改革红利。

（一）研究方法和指标说明

1. 研究方法说明

熵权法作为客观赋权方法，在使用上能够避免主观性影响，使用该方法为各指标赋权，在样本量有限的情况下可以达到评价结果客观科学的目标。较大的熵值表示某项指标携带较多的信息，则其对决策的影响作用较大。反之，较小的熵值，对应指标携带较少的信息决策影响程度低值。因此，本文在指标权重值的计算方面采用了熵权法，并且分析研究出不同所有制工业企业的综合效率评价值。

2. 指标体系的构建

本文研究的工业企业综合效率不仅包括微观层面的企业运行效率，而且包括体现着企业所承担的宏观经济保障功能的功能效率。两类效率情况都是研究不同所有制工业企业综合效率所不可或缺的，微观效率和宏观效率构成了本文研究的工业企业的综合效率。

其中，在反映微观效率的指标选取上，采用了以工业企业的获利能力、偿债能力、资产运转能力、创新能力为衡量标准，选取了资产利润率、存货周转率、流动资产周转次数、新产品比重、流动比率、资产负债率六项指标。

宏观经济保障功能相对应的效率情况，主要反映企业在实现提供社会保障及增加

就业等目标时所体现出的效率水平。为了保障统计数据的科学性、可得性及完整性，本文选取了单位资产所有者权益、R&D 经费占比、单位资产工业总产值、单位资产就业人数这四项指标，并与微观效率指标构成完整的综合效率评价体系。

综合上述分析，这些变量既包括企业运行的经济和财务指标，又包括体现社会保障、就业、创新等的社会功能指标，既能反映企业的运行效率，又能够体现其功能效率，符合构建综合效率评价体系的要求。具体可见表 2。

表 2　　　　不同所有制工业企业的综合效率体系

总目标	一级指标	二级指标	指标计算公式
不同所有制工业企业的综合评价指标体系	微观效率指标	资产利润率（%）	利润总额/资产平均占有额×100%
		存货周转率（次/年）	主营业务收入/[(期初存货+期末存货)/2]
		流动资产周转次数（次/年）	主营业务收入/[(流动资产年初数+流动资产年末数)/2]
		新产品主营业务收入比重（%）	新产品主营业务收入/主营业务收入×100%
		流动比率（%）	流动资产合计/流动负债合计×100%
		资产负债率（%）	负债总额/资产总额×100%
	宏观效率指标	单位资产所有者权益合计（亿元）	所有者权益合计/资产合计
		R&D 经费占比（%）	R&D 经费内部投入/工业总产值×100%
		单位资产就业人数（人/亿元）	平均用工人数/资产合计
		单位资产工业总产值（亿元）	工业总产值/资产合计

（二）研究对象及数据来源

本文的研究对象是国有及国有控股工业企业、股份制工业企业、私营工业企业这三类工业企业。工业作为第二产业中的重要组成部分，工业企业是非常重要的微观经济主体，具有重要的研究价值。因此，本文选择不同所有制类型工业企业为研究对象来探究国企改革情况是具有较强的解释度。

研究所使用的样本为中国工业领域 2006～2016 年上述三类企业的面板数据，数据来源于 2007～2017 年的《中国统计年鉴》《中国工业经济统计年鉴》《中国科技统计年鉴》以及国家统计局网站。①②③

① 在统计年鉴中，2006～2016 年的 R&D 经费内部投入的统计口径是大中型工业企业，本文将其认为与规模以上工业企业的数据近似相等。

② 2006～2016 年，由于 R&D 经费内部投入的国有控股数据缺失，本文仅用国有企业的数值来表示。

③ 本文将国有工业企业、国有控股工业企业、国有独资工业企业合计为国有企业；将股份合作社、股份有限公司合计为股份制企业。

（三）熵权法应用

1. 构造评价矩阵，同时对数据进行标准化处理

在本文的研究中，一共有33（m）个评价对象和10（n）个评价指标。首先，根据要研究的问题以及统计的数据构建评价矩阵X。

$$X=\begin{bmatrix} x_{11} & x_{1n} \\ x_{m1} & x_{mn} \end{bmatrix} \tag{1}$$

由于指标之间存在着单位和度量的不同，因此，需要对原始数据矩阵X进行规范化处理，以便得到各指标的标准化得分矩阵。本文采用极值法对原始数据进行标准化处理，一般来说，指标依据评价的目标取向可分为三类：正向指标、逆向指标和中性指标，具体处理如下：

对于正向指标的处理，采用降半梯形分布函数处理，即：

$$r_{ij}\begin{cases} 0 & (x_{ij}\leqslant a_{min}) \\ (x_{ij}-a_{min})/(a_{max}-a_{min}) & (a_{min}<x_{ij}<a_{max}) \\ 1 & (x_{ij}\geqslant a_{max}) \end{cases} \tag{2}$$

对于适性指标的处理，采用三角形分布函数处理，即：

$$r_{ij}\begin{cases} (x_{ij}-a_{min})/(a-a_{min}) & (a_{min}<x_{ij}\leqslant a) \\ (a_{max}-x_{ij})/(a_{max}-a) & (a<x_{ij}<a_{max}) \\ 0 & (x_{ij}\geqslant a_{max}\text{或}\ x_{ij}\leqslant a_{min}) \end{cases} \tag{3}$$

对于逆向指标的处理，采用升半梯形分布函数处理，即：

$$r_{ij}\begin{cases} 0 & (x_{ij}\geqslant a_{max}) \\ (a_{max}-x_{ij})/(a_{max}-a_{min}) & (a_{min}<x_{ij}<a_{max}) \\ 1 & (x_{ij}\leqslant a_{min}) \end{cases} \tag{4}$$

在本文的指标评价体系中资产利润率、存货周转率、流动资产周转次数、新产品主营业务收入比重、流动比率、单位资产所有者权益合计、R&D经费占比、单位资产就业人数、单位资产工业总产值这9个指标属于正向指标，即指标数值越大越好；而资产负债率属于适性指标，即指标数值达到某点最优。一般而言，资产负债率这个指标的适应性范围在40%～60%，因此，本文在进行标准化处理时，选取该指标最大值和最小值的算术平均值作为最优点，即式中的参数 $a=(a_{max}+a_{min})/2$。

矩阵X标准化后得到如下等式：

$$R=(r_{ij})_{m\times n} \tag{5}$$

在式（5）中，r_{ij}为第 i 个评价对象在第 j 个评价指标上的标准化值，$r_{ij} \in [0, 1]$。

2. 通过矩阵计算出每个指标的指标权重也就是每个评价指标的熵值

根据熵的定义，在具有 m 个评价对象以及 n 项评价指标的情况下，确定评价指标的熵值。测算公式如下：

$$E_j = -\frac{1}{\ln m} \times \sum_{i=1}^{m} f_{ij} \times \ln f_{ij} \tag{6}$$

式中：

$$f_{ij} = r_{ij} / \sum_{i=1}^{m} r_{ij} \quad (i=1, 2, \cdots, m; j=1, 2, \cdots, n) \tag{7}$$

但是，当 $f_{ij}=0$ 时，对数 $\ln f_{ij}$无意义，因此，需要使用修正的 f_{ij}，将其定义为：

$$f_{ij} = (r_{ij}+1) / \sum_{i=1}^{m} (r_{ij}+1) \quad (i=1, 2, \cdots, m; j=1, 2, \cdots, n) \tag{8}$$

因此，第 j 个评价指标的熵权 W_j 的计算公式为：

$$W_j = (1-E_j) / \sum_{j=1}^{n} (1-E_j) \tag{9}$$

通过上述的计算可得，评价指标的熵值、权重如表 3 所示。

表 3　各级指标的熵值计算结果及权重

一级指标	二级指标	熵值 E_j	一级指标权重（%）	各级指标熵权（%）
微观效率指标	资产利润率（%）	0.99	61.90	8.46
	新产品比重（%）	0.99		12.01
	存货周转率（次/年）	0.99		12.50
	流动资产周转次数（次/年）	0.99		10.28
	流动比率	0.99		9.76
	资产负债率（%）	0.99		8.89
宏观效率指标	单位资产所有者权益合计（亿元）	1.00	38.10	6.57
	R&D 经费占比（%）	0.99		11.22
	单位资产工业总产值（亿元）	0.99		12.23
	单位资产就业人数（人/亿元）	0.99		8.09

3. 指标分值的计算

按照公式：$V_j = \sum_{i=1}^{n} W_j f_{ij} \times 100$，进一步计算分别得出不同所有制工业企业的综合效率指标、微观效率指标、宏观效率指标的评价得分，如表 4 所示。

表 4　　中国不同所有制工业企业效率指标的评价得分

年份	中国不同所有制工业企业综合效率			中国不同所有制工业企业微观效率			中国不同所有制工业企业宏观效率		
	国有企业	私营企业	股份制企业	国有企业	私营企业	股份制企业	国有企业	私营企业	股份制企业
2006	2. 71	3. 23	3. 11	2. 71	3. 10	2. 92	2. 71	3. 44	3. 42
2007	2. 74	3. 33	3. 27	2. 77	3. 27	3. 16	2. 70	3. 44	3. 45
2008	2. 61	3. 56	3. 24	2. 60	3. 57	3. 11	2. 62	3. 55	3. 46
2009	2. 45	3. 46	3. 02	2. 45	3. 50	2. 98	2. 44	3. 40	3. 07
2010	2. 53	3. 53	3. 15	2. 57	3. 66	3. 18	2. 46	3. 32	3. 11
2011	2. 48	3. 61	3. 24	2. 50	3. 73	3. 27	2. 44	3. 42	3. 19
2012	2. 42	3. 59	3. 15	2. 43	3. 73	3. 13	2. 42	3. 37	3. 19
2013	2. 43	3. 58	3. 23	2. 51	3. 73	3. 23	2. 30	3. 34	3. 22
2014	2. 32	3. 47	3. 09	2. 29	3. 54	3. 06	2. 36	3. 35	3. 14
2015	2. 24	3. 44	3. 03	2. 20	3. 49	2. 96	2. 32	3. 35	3. 14
2016	2. 24	3. 45	3. 04	2. 21	3. 48	2. 98	2. 30	3. 41	3. 14

中国不同所有制工业企业的综合效率、微观效率、宏观效率的比较具体见图 1、图 2、图 3。

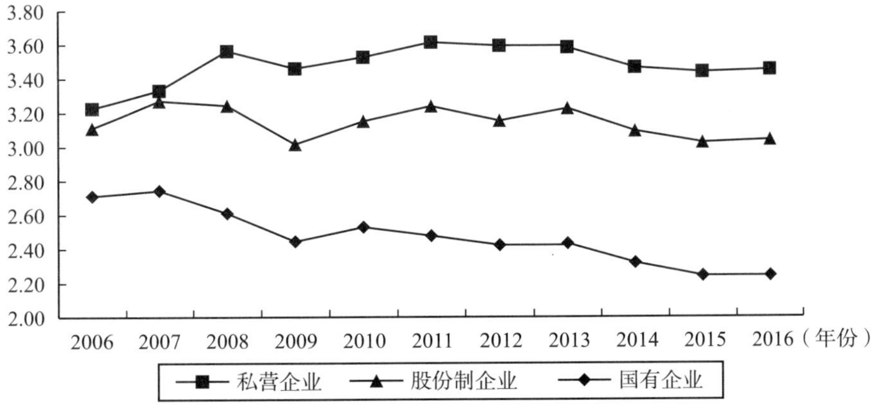

图 1　中国不同所有制工业企业综合效率

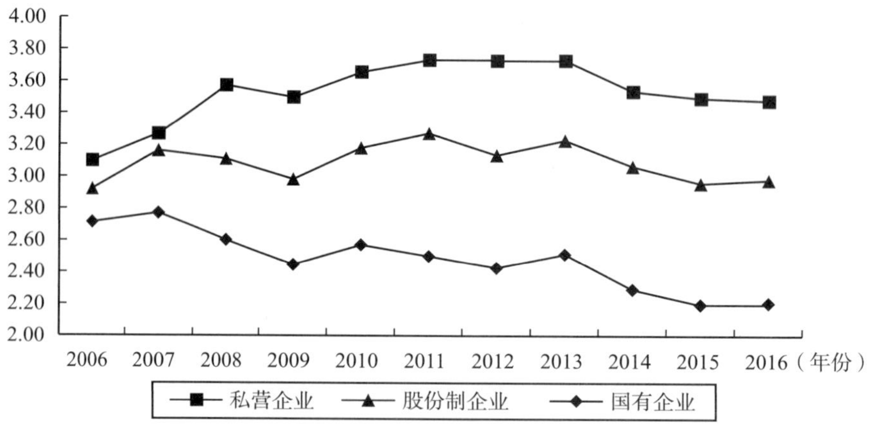

图 2　中国不同所有制工业企业微观效率

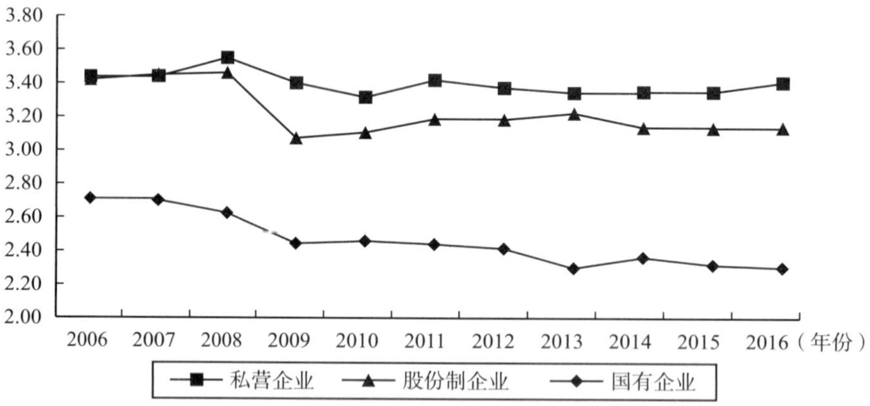

图 3　中国不同所有制工业企业宏观效率

4. 混改红利计算

国企混改前的各项经济指标具体情况，假设全部国有企业按照股份制企业进行改革，通过 Stata 对 2017～2022 年的数据进行预测分析，进而得出改革后各项经济指标具体情况，以及改革前后各项指标的差值，见表 5、表 6、表 7。

表 5　　国有企业混改前各项指标　　单位：万亿元

年份	资产	所有者权益	利润总额	负债总额	R&D 经费内部支出	平均存货	新产品收入	工业销售产值
2016	57.62	22.40	1.60	35.15	0.08	4.32	1.14	31.03
2017	63.65	23.89	2.00	39.23	0.09	5.05	1.24	38.14
2018	67.49	25.22	2.06	41.70	0.09	5.34	1.29	40.05

续表

年份	资产	所有者权益	利润总额	负债总额	R&D 经费内部支出	平均存货	新产品收入	工业销售产值
2019	71.33	26.55	2.11	44.16	0.09	5.62	1.34	41.96
2020	75.16	27.89	2.16	46.62	0.09	5.90	1.38	43.87
2021	79.00	29.22	2.21	49.08	0.09	6.18	1.43	45.78
2022	82.84	30.55	2.27	51.54	0.09	6.46	1.48	47.68

表 6 国有企业混改后各项指标 单位：万亿元

年份	资产	所有者权益	利润总额	负债总额	R&D 经费内部支出	平均存货	新产品收入	工业销售产值
2016	68.80	28.08	2.98	17.96	0.49	3.94	8.33	38.35
2017	73.87	30.18	4.72	20.84	0.49	4.62	9.29	54.73
2018	78.54	32.01	5.02	22.14	0.50	4.86	8.96	58.44
2019	83.23	33.83	5.38	23.43	0.56	5.09	8.48	62.19
2020	87.88	35.65	5.69	24.73	0.63	5.33	7.88	65.94
2021	92.49	37.47	5.94	26.04	0.69	5.56	7.21	69.67
2022	97.10	39.29	6.23	27.36	0.72	5.80	6.52	73.38

表 7 全部国有企业混改后各项指标差值 单位：万亿元

年份	资产增加量	所有者权益增加量	利润总额增加量	负债总额增加量	R&D 内部支出增加量	平均存货增加量	新产品收入增加量	工业销售产值增加量
2016	11.18	5.68	1.39	-17.19	0.40	-0.38	7.19	7.32
2017	10.22	6.29	2.72	-18.40	0.40	-0.43	8.05	16.59
2018	11.05	6.78	2.96	-19.56	0.41	-0.48	7.67	18.39
2019	11.90	7.27	3.27	-20.73	0.46	-0.53	7.14	20.23
2020	12.72	7.76	3.53	-21.89	0.54	-0.57	6.50	22.07
2021	13.49	8.25	3.73	-23.04	0.60	-0.62	5.78	23.90
2022	14.26	8.74	3.97	-24.18	0.63	-0.66	5.04	25.69

四、结论和政策建议

（一）结论

国有企业面对经济发展和外部挑战以及在政策变动和市场需求驱动下，存在着内部的非市场化因素。本文通过中国2006～2016年的不同所有制工业企业的面板数据，比较分析国有及国有控股工业企业、股份制工业企业、私营工业企业之间的效率水平，测算出在不同所有制结构下工业企业的时序发展状况及效率差异，发现私营企业和股份制企业在不同方面上均优于国有及国有控股企业，因此，国企混改势在必行，它是提高国企效率的重要途径。而后通过将指标的权重与当年数据与基年数据之差的乘积加总测得的改革红利的数值，不断上涨的红利数据说明近年来，国企改革卓有成效，但仍需完善和大力推进，继续深化改革。

（二）政策建议

1. 推进股权多元化

股权多元化就是使非公有资本通过参股等形式与国有资本融合形成混合所有制企业。混合所有制有利于改善国有企业的产权结构，在此基础上，推动现代企业制度的健全发展。因此，要大力推进非公企业参与国有企业改革，鼓励发展非公有资本控股的股权多元化企业；同时，在推进混合所有制的进程中，加大员工持股，让员工获得更多的参与感和成就感，激发员工创新精神和企业活力，最终形成“普通股”＋“优先股”＋“黄金股”的股权结构。不同性质股权的制衡组合对企业技术效率的影响具有显著差异。从数量占比上看，国有股占比与企业技术效率呈现倒“U”型关系。从相互作用来看，国有股占比较高时，国有股控制力的增强会降低企业的技术效率；这说明竞争性行业中发展混合所有制对于提升企业技术效率有积极影响。

2. 民间资本进入垄断性与竞争性业务部分

在国有垄断行业形成多元竞争格局，逐步引入民间资本和外资等参与形式。在位企业需要潜在进入者进入市场与其竞争，才能不断提高生产技术。民间资本进入垄断性与竞争性业务部分，可以为国有企业培养公平的竞争对手，有助于企业之间形成良好的竞争关系，促进国有企业创新机制的完善和生产效率的提高。自《关于鼓励支持和引导个体私营等非公有制经济发展的若干意见》颁布之后，民间资本进入国有垄断领域得到了政策上的鼓励和支持，面临的市场壁垒也在不断减少。在此基础上，应不断降低民间资本进入垄断性和竞争性行业的成本；降低投资者的融资成本；加大投资保障，有效维护投资者的合法权益；公平地获得更多市场机会和政府资源，增加投资收益。以上这一系列的行动将有效地打破国企垄断、充分调动各种形式的参与者的创新潜力。

3. 民企与垄断国企形成上下游产业链

国有企业一般倾向于实物投资，涵盖技术创新型产业、核心竞争力产业、战略产业等，资本易于固化为实物资产，一定程度上垄断着有关国家安全和经济命脉的战略性部门及自然垄断产业，在实际税负和贸易税负的基础上有大量的补贴减税措施。而非国有经济的投资领域多分布于下游产业，多为低资产专用性产品，大量中小企业在相对狭小的领域内进行激烈的竞争。在这样的所有制结构条件下，国有经济往往缺乏匹配基于市场需求的非国有经济创新性行为的动力，也难以发挥国有企业的比较优势，得到不同行业分工的报酬递增，同时国有企业通过垄断性的市场结构更容易引致市场整体效率下降。因此，非竞争性行业的国有企业，要更多地考虑社会公益，为社会整体利益服务。而竞争性行业的国有企业，应该主要按照市场竞争规则，追求利润最大化的目标，破除产业链上下游的模式化、一体化，增强企业的竞争性。

4. 加强混合所有制改革的制度支持

制度是融合发展成败之关键。通过有效的制度创新，打破“委托—代理”困局，解决企业面临的融资瓶颈约束，深化放管服，增加劳动力、资金和资源等的投入，加快技术进步以及产业升级，从而减少国有资产流失。企业只有拥有合法的财产所有权、成为真正的独立法人，才能实现自主经营、自负盈亏。有鉴于此，有学者提出了从法律上建立“国家股东权—企业财产所有权”的产权框架结构。实现权力界定最有效的办法，就是法制，用法律手段明确国有企业社会责任的真正内涵，并合理区分、界定国家的社会管理职责与国有企业的社会责任进行合理的区分，防止权利混淆交叉。随着我国经济步入中高速发展的“新常态”，国有企业只有通过变革传统经营模式，建立创新机制，探索混合所有制改革，推进过剩产能淘汰，降低经营成本，才能借助供给侧结构性改革的机遇再发力、再突破、再发展，从而全方面提高国有企业的效率。

参考文献

[1] Estrin, S., Perotin, V. Does ownership always matter? [J]. International Journal of Industrial Organization, 1991, 9 (1): 55-72.

[2] Shleifer, A., and Vishny, R. W. 1994, Politicians and Firms [J]. Quarterly Journal of Economics, 1994, 109 (4): 995-1025.

[3] 刘小玄，李寿喜. 转轨过程中混合股权公司的相对效率 [J]. 世界经济文汇，2007 (1): 58-71.

[4] 张祥建，郭丽虹，徐龙炳. 中国国有企业混合所有制改革与企业投资效率 [J]. 经济管理，2015 (9): 132-145.

[5] 白重恩，路江涌，陶志刚. 国有企业改制效果的实证研究 [J]. 经济研究，2006 (8).

[6] Wu, Yanmi, “Are Chinese Enterprises Innovative? R&D Determinants, Strategies and Intensity”, Economics Discussion Papers of University of Western Australia, 2010.

[7] 林毅夫，刘培林．自生能力和国企改革［J］．经济研究，2001（9）：60－70.

[8] 林毅夫，刘明兴，章奇．政策性负担与企业的预算软约束：来自中国的实证研究［J］．管理世界，2004（8）.

[9] 林毅夫，李志赟．政策性负担、道德风险与预算软约束［J］．经济研究，2004（2）.

[10] 张辉，黄昊，闫明强．混合所有制改革、政策性负担与国有企业绩效［J］．经济学家，2016（9）：32－41.

[11] 王鸿波，陶慧敏．中西国有企业的性质和功能比较［J］．思想理论教育导刊，2015（7）：74－82，114.

[12] 乔明哲，刘福成．基于性质与功能的我国国有企业社会责任研究［J］．华东经济管理，2010（3）：86－90.

[13] 王鸿．辩证认识国有企业的制度功能、社会功能和经济功能［J］．红旗文稿，2017（10）：20－21.

[14] 盛丹．国有企业改制、竞争程度与社会福利——基于企业成本加成率的考察［J］．经济学，2013（12）：1465－1490.

[15] 陈林．自然垄断与混合所有制改革［J］．经济研究，2018（1）：81－96.

[16] 张铭慎，曾铮．股权混合如何提高企业技术效率［J］．宏观经济研究，2018（3）：135－147.

[17] 顾功耘．国有经济法论［M］．北京：北京大学出版社，2006：320－321.

Dividend Measurement and Realization Countermeasure of State-owned Enterprise Mixed Ownership Reform

Liu Difei　Cao Yanqiu

Abstract: With the challenges of economic development and market competition, the evaluation of the reform of mixed ownership of state-owned enterprises has become an issue of great concern in the mixed reform of state-owned enterprises. This paper calculates the efficiency indicators of three different ownership enterprises from 2006 to 2016, and calculates the specific value of the state-owned enterprise reform dividend from 2009 to 2016. The results show that the overall effect of SOE reform is good, but there are still some fluctuations, so we should strengthen the reform and improve the reform system. We should promote the reform of mixed ownership of state-owned enterprises smoothly by establishing four specific ways: accelerating institutional innovation, improving the efficiency of state-owned enterprises, vigorously promoting the structural reform of supply side, improving the management system of state-owned assets, and promoting the international competitiveness of state-owned enterprises.

Keywords: State-owned Enterprises Mixed Ownership Reform Dividends

信贷配给阈值效应实证研究

赵秀芳　王乾乾*

摘　要：货币政策通过货币通道和信贷通道影响经济，我国实施逆周期货币政策，而信贷通道在经济活动中表现出顺经济周期现象。经济繁荣期，信贷配给减轻；而在经济下行周期，信贷配给加重，使货币政策传导不完全，严重影响货币政策的执行效果。本文采用 2005～2017 年的季度数据，运用 Chan 估计阈值的 TAR 方法对我国信贷配给程度进行估计，得出当前我国货币政策的阈值，即信贷配给的程度，并进一步验证了信贷配给与信息不对称的正相关关系，为改善流动性配置、防范金融风险提供参考。

关键词：信贷配给　阈值效应　非对称性　道德风险

一、引　言

由于企业与银行的信息不对称，按照信贷配给模型，贷款方的目标函数是关于收益和风险的函数，借款方的目标函数是关于利率和预期收益的函数，当借款方的借款成本越高即利率越高，借款方就会把借款投放到高风险的项目上，从而会降低贷款方的收益，所以贷款方不会将利率提高到他们的预期收益开始下降的水平，即使在这一点借款方愿意支付更高的利率。在这种情况下，当信贷市场实现“均衡”时，仍然存在对信贷的超额需求，因此除了通过利率进行价格配额外，还会出现信贷数量配

* 赵秀芳（1972—），山东潍坊人，山东交通学院副教授，经济学博士，研究方向：金融计量与货币政策，电子邮箱：2533741624@ qq. com；王乾乾（1989—），山东德州人，中国进出口银行，经济学硕士，研究方向：金融计量与货币政策，电子邮箱：1129117439@ qq. com。

额，结果导致信贷市场的均衡具有两大特征，均衡利率和信贷配给同时存在。

中央银行以经济增长为目标，商业银行追求银行利润最大化。当中央银行实施货币政策调控经济时，信贷通道作为我国货币政策的主要通道，由于我国存在金融市场不健全、金融产品单一、信息不对称和企业道德风险等可能性，导致商业银行行为与中央银行行为不一致，出现货币政策的非对称特点，表现以货币政策与产出的非线性关系。货币政策存在阈值效应，当某个时期货币供给量小于某个特定值时，货币政策对产出起作用，当大于这个值时，货币资金滞留在银行系统，并表现出某个行业的过度投资，对经济增长产生负面影响。而阈值的高低反映了信贷配给的程度，当阈值处于低水平时，信贷配给程度严重，阈值上升，信贷配给程度减轻。

信贷资金作为企业主要营运资本和投资资金的来源，产出的变动很大程度上取决于信贷量的获得。货币政策间接或者直接影响企业的融资境地，进而影响其获得外部资金的能力。货币政策通过影响企业资产负债表间接影响其信贷能力。通常，企业会持有随市场利率变动的信贷资产，紧缩性货币政策会提高利率进而提高企业现有的信贷资产支出。此外，利率上升导致产出下降，还可能导致企业资产价格缩水和信贷抵押物的价值下降。在企业信贷能力不变的前提下，货币政策还可以直接控制市场的货币供给量，影响企业贷款量。企业获得信贷数量的多少还与企业的特征相关，例如，企业的国有与非国有属性、企业规模、年龄、固定资产占比等，都影响企业获得信贷的能力。由于商业银行不能全面掌握企业的经营信息，为了防止道德风险，商业银行出于最大化银行利润，对企业信用能力进行主观排序，形成信贷配给歧视现象。由于信贷配给广泛存在，不同地区的个体对利率的敏感程度不同，从而造成农村市场与城镇市场、正式金融机构市场与非正式金融机构市场的信贷配给市场分割现象，不利于经济的协调发展。现阶段，我国货币政策一再宽松的同时，经济增速放缓，产能过剩。因此，有必要对货币政策的阈值进行分析，为改善流动性配置提供参考，解决经济增长过程中的流动性滞留与空转问题。

二、文献综述

国外已有很多文献对货币政策执行中的信贷配给现象进行了研究，并运用实证模型解释了货币供给量与产出的关系。布林德（Blinder，1987）[1]提出了信贷配给模型，认为货币政策的执行效果受制于信贷配给状态；麦卡勒姆（McCallum，1991）[2]用 t 统计量检验了信贷配给模型，得出当经济体中货币供给增量低于某个特定值时，货币政策对产出的影响更加显著；汉森（Hansen，1996）[3]研究了阈值问题的不同检验统计量，通过统计量来检验阈值的存在；加尔布雷斯（Galbraith，1996）[4]采用 t

检验和 LM 检验对美国和加拿大的货币政策进行了阈值估计，得出了货币政策的非对称性。

我国也有很多关注货币政策执行效果的文献。从货币政策传导途径来看，蒋瑛琨和刘艳武（2015）[5]运用 1992～2014 年的季度数据进行了实证分析，得出贷款对产出的影响最为显著，其次是 M2，M1 对产出没有显著影响；周孟亮（2016）[6]把样本区间进行了隔离，把 1998 年我国取消信贷规模限制以来到 2015 年 8 月的月度数据运用时间序列研究方法，实证得到 M1、M2 不是我国经济增长的 Granger 原因，以金融机构为代表的信贷资金是经济增长的 Granger 原因，表明仅仅依靠大量增发货币无法启动新一轮的经济增长；毛泽盛和周志敏（2017）[7]先对 1994～2017 年的季度数据做了整体分析，然后分别对 1998 年改革之前和改革之后进行实证分析，得出自 1994 年以来金融机构的信贷对 GDP 的作用大于货币供给量，但是随着改革的完善，货币供给量对产出的影响越来越显著。进一步说明，当前信贷通道仍然是影响我国经济的主要货币政策通道。

从货币政策执行效果来看，胡臻（2013）[8]对 2000～2012 年的季度数据进行研究，得出紧缩性的货币政策对产出的影响更为显著；孙俊（2013）[9]用 LSTVAR 模型证实相同规模的紧缩性货币政策效果与扩张性货币政策效果存在明显的差异，得出信贷配给是造成货币政策效果非对称的原因。也有学者对我国货币政策的阈值进行了估计：刘丽巍（2012）[10]采用加尔布雷斯（Galbraith）提出的计量模型，检验了 1998～2010 年期间能够反映我国货币政策效果非线性的阈值。

信贷配给主要表现为银行信贷，紧缩性的货币政策导致银行的准备金余额减少，可贷资金减少，起到抑制经济的目的；然而，银行信贷具有集中大企业和垄断企业的优势，经济下行周期，扩张性的货币政策由于小企业贷款困难，大企业信贷需求疲软，货币资金滞留在银行系统，达不到重振经济的目的。

三、理论模型

当信贷市场出现均衡时，存在对信贷的超额需求，除了通过价格配给信贷以外，还会出现信贷的数量配给。因此，信贷市场均衡表现有两个特征，均衡利率和数量配给。

（一）银行行为

假设商业银行吸收的存款除了上缴法定存款准备金外，一部分为自由准备金，其余部分用于对债券和信贷的投资，本文着重研究银行对信贷的投资。商业银行的行为可以表示如下：

$$(1-r)D = B^{br} + L^{lr} + FR \tag{1}$$

其中 r 为法定存款准备金率，D 为存款总额，B 为在债券利率为 br 时所持有的债券，L 为信贷利率为 lr 时所发放的信贷，FR 为自由准备金。银行会在综合考虑系统性风险和非系统风险的情况下配置其资金比例，因此，信贷行为可以进一步表示如下：

$$L^s = L^s[\lambda(br,\ lr)(1-r)D,\ \rho] \tag{2}$$

其中 ρ 为风险，包括宏观大环境下的系统性风险和企业经营的非系统性风险，λ 为银行在债券和信贷上的投资权重。

$$\partial L^s/\partial br < 0,\ \partial L^s/\partial lr > 0,\ \partial L^s/\partial r < 0,\ \partial L^s/\partial \rho < 0$$

（二）企业行为

代表性企业从事生产经营活动，在生产资料转换成为货币资本中间需要运营资本，如果运营资本不足，企业就不得不减少原材料的购买或者减少雇用的劳动，从而减少产量。企业的运营资本来源于内部融资和外部融资，内部融资主要是企业留存收益部分，外部融资通过发行债券和银行信贷获得。其中信贷是最主要的资金来源。代表性企业行为表示如下：

$$Y = Y(n,\ \overline{K},\ k^{\omega}) \tag{3}$$

n 为企业雇用的劳动，$\overline{K}$为外生给定的实物资本，k^{ω} 为运营资本，因为本文主要研究信贷，所以运营资本为企业获得的信贷数量。企业获得信贷的能力与宏观大环境和企业自身经营有关，根据我国信贷情况，k^{ω} 可以进一步表示为系统性风险 ρ、企业年龄 age、企业规模 sca、企业所有制 own、企业是否上市 mar 的函数。因此代表性企业行为进一步表示如下：

$$Y = Y[n,\ \overline{K},\ k^{\omega}(\rho,\ age,\ own,\ sca,\ mar)] \tag{4}$$

短期内假定企业外生实物资本不变，劳动雇用量不变，企业获得的信贷数量可变。从而短期内影响企业产出的因素主要是 $k^{\omega}(\rho,\ age,\ own,\ sca,\ mar)$。

$$\frac{\partial Y}{\partial k^{\omega}}\frac{\partial k^{\omega}}{\partial \rho} < 0,\ \frac{\partial Y}{\partial k^{\omega}}\frac{\partial k^{\omega}}{\partial age} > 0,\ \frac{\partial Y}{\partial k^{\omega}}\frac{\partial k^{\omega}}{\partial own} > 0,\ \frac{\partial Y}{\partial k^{\omega}}\frac{\partial k^{\omega}}{\partial sca} > 0,\ \frac{\partial Y}{\partial k^{\omega}}\frac{\partial k^{\omega}}{\partial mar} > 0$$

企业的信贷资金影响企业的短期产量，而信贷资金的获得取决于企业的融资能力，企业的特征决定了企业的融资能力。系统性风险和非系统性风险与企业的产出负相关；企业成立得越早，银行与企业合作的可能性越大，合作的可能时间越久，银行与企业的信息不对称相对减少，因此企业获得信贷的可能性大；另外我国是公有制经济，国企占很大比重，国企成立的年限、固定资本、财政担保等导致国企更容易获得信贷资金；商业银行出于利益最大化的目的，为了降低信贷风险，贷款的同时会以企业的资产作为抵押，企业资产规模越大，信贷风险越低，更容易获得信贷；企业上市需要很大的注册资本，也侧面反映出企业的盈利能力以及运营前景，另外，上市公司要求公开财务信息，所以上市企业更容易获得信贷。

以经济下行为例阐述信贷配给在货币扩张时的顺周期现象。经济下行周期，容易形成经济萎缩的消极预期，我国采取逆经济风向的单一规则货币政策，向市场注入流动性，表现为 r 的下调，$\partial L^s/\partial r<0$，所以商业银行货币供给增大，M2 上升；但是经济下行周期，风险 ρ 上升，$\partial L^s/\partial \rho<0$，货币供给下降；ρ 上升，$\frac{\partial k^{\omega}}{\partial \rho}<0$，导致企业融资能力下降，因为经济下行期，利率上升，企业持有可变利率的信贷资产，导致企业现有的信贷资产支出加大。此外，利率上升还可能导致企业资产价格下跌和信贷抵押物的价值下降，影响获得信贷的能力。ρ 上升，市场上货币供给增加还是减少，取决于商业银行对宏观经济和企业经营的预期，如果银行预期消极，即使 r 下降，出于利润最大化的目的，商业银行也不会发放贷款，市场上惜贷现象普遍，$\frac{\partial L^s}{\partial r}<\frac{\partial L^s}{\partial \rho}$，使流动性滞留在银行系统，阻碍货币政策的传导。表现出经济繁荣期，商业银行贷款泛滥，信贷配给程度下降，阈值较高；经济下行期，商业银行惜贷，信贷程度加重，阈值较低的顺经济周期现象。但是，无论处于经济的任何周期，由丁资本的逐利本性，资本会寻找市场上有利可图的行业，如目前出现的房地产单边上涨现象，由于人们普遍预期房产价格上升，导致商业银行把过多的资本配置在房产上，企业也转向投资房地产，致使房地产投资过度，城市房产出现大面积库存，导致生产和资本的集中。

四、实证检验

（一）变量选取及数据来源

本文主要研究货币政策信贷通道对货币政策执行效果的影响，影响产出的因素主要有财政政策和货币政策，而金融市场发展程度以影响信贷配给的形式参与到货币政策当中，所以本文以财政支出、货币供给、金融市场规模作为研究变量。财政支出采用季度国家财政支出（不含债务还本）当期值 G 作为财政政策变量；考虑到货币近似替代物及替代程度的不断加强，本文采用货币和准货币 M2 供应量期末值作为货币政策变量；金融发展程度采用银监会公布的银行业金融机构资产负债表中的总资产 S 作为代理变量；产出采用国内生产总值 GDP 当季值作为产出变量。道德风险在一定程度上反映了信息不对称的程度，本文采用银监会公布的不良贷款率 R 作为信息不对称的量化指标。

本文采用 2005 年第一季度到 2017 年第三季度数据，所有数据经过价格调整为实际值，并且采用 X-11 法对数据进行季节调整。所有变量经过对数变化，国内生产总值记为 gdp_t，财政支出记为 g_t，货币供给记为 $m2_t$，金融发展程度记为 s_t。原始数据采集自国家数据网、银保监会网（原银监会网）、中国人民银行网。

（二）模型构建

建立模型的一般形式：

$$gdp_t = \sum_{i=1}^{k} \beta_i gdp_{t-i} + \sum_{i=0}^{p} k_i g_{t-i} + \sum_{i=0}^{s} \alpha_i m2_{t-i} + \sum_{i=0}^{h} \gamma_i s_{t-i} + \xi_t \qquad (5)$$

方程（5）为自回归分布滞后模型。对国内生产总值进行趋势项和常数项单位根检验，财政支出、货币供给、总资产进行常数项单位根检验，表 1 是 5% 水平下的单位根检验结果。

表 1　　变量的单位根检验结果

变量	ADF 检验值	临界值
gdp	0.742454	-3.506374
g	-1.519209	-2.923780
m2	-1.010391	-2.922449
s	-1.102192	-2.922449
Δgdp	-3.536489	-2.922449
Δg	-7.800589	-2.923780
Δm2	-3.960702	-2.922449
Δs	-4.687078	-2.922449

四个序列都是一阶差分平稳序列，因此可将模型（5）转化为误差修正模型：

$$\Delta gdp_t = \sum_{i=1}^{k} \beta_i \Delta gdp_{t-i} + \sum_{i=0}^{p} k_i \Delta g_{t-i} + \sum_{i=0}^{s} \alpha_i \Delta m2_{t-i} + \sum_{i=0}^{h} \gamma_i \Delta s_{t-i} + \eta ecm_{t-1} + \xi_t \quad (6)$$

（三）模型参数估计

根据模型（6），作 Δgdp_t 对解释变量的回归，解释变量包括 Δgdp 的前期值，Δg、$\Delta m2$、Δs 的当期值和前期值。大多线性和非线性回归文献把最大滞后阶数设定为8，根据t值、AIC、SC、DW值确定模型（6）的最佳滞后阶数，表2是滞后8阶的各个系数的统计量检验值。

表2　Δgdp_t对其前期值、Δg_t、$\Delta m2_{t-1}$、Δs_t、Δs_{t-1}、ecm_{t-1}回归结果的检验值

变量	滞后阶数							
	8	7	6	5	4	3	2	1
Δgdp_{t-1}	2.897	3.020	2.787	2.931	3.281	3.550	3.160	3.066
Δgdp_{t-2}	-1.838	-1.990	-2.014	-1.859	-1.601	-1.902	-1.044	
Δgdp_{t-3}	1.791	1.855	1.866	1.876	1.357	1.903		
Δgdp_{t-4}	-0.145	-0.123	-0.560	-0.470	0.406			
Δgdp_{t-5}	0.234	0.285	1.099	1.443				
Δgdp_{t-6}	1.294	1.405	0.839					
Δgdp_{t-7}	-1.208	-1.315						
Δgdp_{t-8}	0.191							
Δg_t	0.975	1.031	1.026	1.109	1.125	1.355	1.634	1.505
Δs_{t-1}	-2.224	-2.427	-2.462	-2.290	-1.985	-2.184	1.651	1.687
Δs_t	-1.228	-1.265	-1.942	-1.656	-1.511	-1.645	-2.002	-2.193
$\Delta m2_{t-1}$	2.496	2.608	2.806	2.685	2.295	2.477	2.016	2.208
ecm_{t-1}	-2.062	-2.159	-2.119	-2.094	-2.356	-2.667	-3.274	-3.485
C	2.072	2.169	2.126	2.098	2.367	2.685	3.308	3.528
AIC	-6.387	-6.471	-6.497	-6.461	-6.469	-6.537	-6.512	-6.553
SC	-5.807	-5.938	-6.010	-6.019	-6.071	-6.183	-6.200	-6.283
DW	2.188	2.167	2.145	2.105	2.202	2.210	2.085	2.068

由表2得出滞后三阶的拟合效果比较显著，因此模型（6）在滞后三阶的条件下写为如下式子：

$$\Delta gdp_t = \sum_{i=1}^{3} \beta_i \Delta gdp_{t-i} + \alpha \Delta g_t + \kappa \Delta m2_{t-1} + \sum_{i=0}^{1} \gamma_i \Delta s_{t-i} + \eta ecm_{t-1} + \xi_t \tag{7}$$

（四）阈值估计

本文用Chan（1993）估计阈值的方法对我国信贷配给的阈值进行估计。阈值设为$\Delta m2^*$，估计方程设定为：

$$\Delta gdp_t = I_t(\sum_{i=1}^{3}\beta_i\Delta gdp_{t-i} + \alpha\Delta g_t + \kappa\Delta m2_{t-1} + \sum_{i=0}^{1}\gamma_i\Delta s_{t-i} + \eta ecm_{t-1}) + (1 - I_t)(\sum_{i=1}^{3}\varepsilon_i\Delta gdp_{t-i} + \varphi\Delta g_t + \varphi\Delta m2_{t-1} + \sum_{i=0}^{1}\lambda_i\Delta s_{t-i} + \pi ecm_{t-1}) + \xi_t \tag{8}$$

当 $\Delta m2_{t-1} > \Delta m2^*$ 时 $I_t = 1$，当 $\Delta m2_{t-1} < \Delta m2^*$ 时 $I_t = 0$。以 $\Delta m2^*$ 为分界点，分别对两边的样本进行估计。首先对 Δm2 进行排序，为了确保阈值两边有适当的观测值，分别从最低点和最高点去掉样本的 14%，把剩下的观测值作为潜在阈值代入模型（8）进行估计。本文一共有 50 个观测值，对观测值进行排序，去掉两端的 28%，剩下 36 个观测值，分别把每个观测值作为阈值代入模型（8），得到每个潜在阈值对应的 SSR，当潜在的阈值和真实阈值越接近时，SSR 越小。对应排序后的数据做 SSR 序列图，寻找最低点，得到阈值的一致估计①。表 3 是每个潜在阈值和其对应的 SSR 值。

表 3　　潜在阈值与其对应的 SSR 值

季度	潜在阈值	SSR
2012 年第二季度	0. 016897897	0. 003249722
2005 年第三季度	0. 018458031	0. 003249722
2014 年第三季度	0. 020156486	0. 003247217
2008 年第四季度	0. 020301323	0. 003419684
2005 年第二季度	0. 020555999	0. 003419684
2015 年第四季度	0. 020773444	0. 003528537
2016 年第一季度	0. 022044682	0. 003528537
2008 年第二季度	0. 023190793	0. 0038059
2014 年第四季度	0. 023740834	0. 0038059
2009 年第二季度	0. 024200925	0. 003784635
2013 年第一季度	0. 025267618	0. 003784635
2016 年第四季度	0. 02644353	0. 003494697
2011 年第四季度	0. 026513204	0. 003494697
2014 年第二季度	0. 026826641	0. 003349431
2007 年第一季度	0. 027368336	0. 003349431
2016 年第二季度	0. 027613562	0. 003551719

① 杜江，袁景安译. 应用计量经济学时间序列分析［M］. 北京：机械工业出版社，2012. TAR 模型估计方法，方程两部分的残差相等。

续表

季度	潜在阈值	SSR
2007 年第二季度	0. 02775132	0. 003523886
2007 年第四季度	0. 027962168	0. 003523886
2008 年第三季度	0. 028611573	0. 003088792
2013 年第四季度	0. 028965631	0. 003088792
2015 年第一季度	0. 029039104	0. 003251492
2017 年第三季度	0. 029096401	0. 003251492
2008 年第一季度	0. 029492359	0. 00335371
2013 年第二季度	0. 029753593	0. 004404954
2013 年第三季度	0. 031706867	0. 004404954
2014 年第一季度	0. 03177999	0. 004435437
2011 年第三季度	0. 03224554	0. 004449077
2006 年第一季度	0. 032998592	0. 004449077
2011 年第二季度	0. 033114269	0. 00447476
2015 年第二季度	0. 03385867	0. 004628579
2010 年第四季度	0. 034120987	0. 004628579
2005 年第四季度	0. 03429488	0. 004792515
2016 年第三季度	0. 035797764	0. 005147406
2006 年第二季度	0. 035820789	0. 005147406
2006 年第四季度	0. 036753726	0. 004974918
2009 年第三季度	0. 037859456	0. 004974918

在表 3 的基础上做 SSR 序列图，序列图凹点即为阈值点。图 1 为 SSR 序列图。

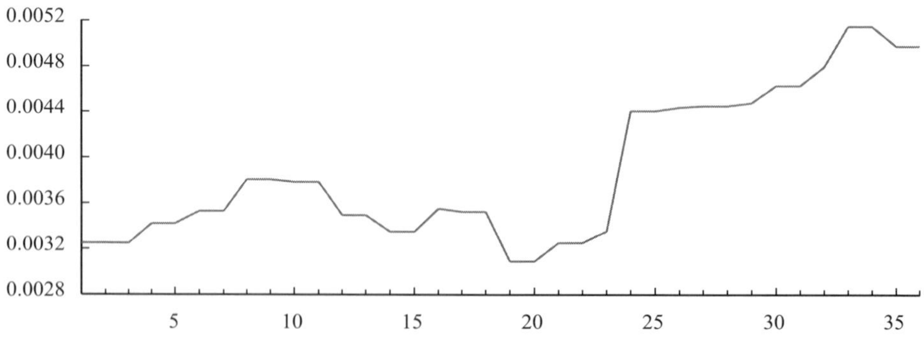

图 1　潜在阈值的 SSR 序列图

由图 1 得到我国 2005～2017 年期间货币政策信贷通道拐点为 2008 年第三季度、2011 年第四季度、2014 年第二季度和 2016 年第四季度所对应的货币供给增量。

（五）检验

信贷配给是为了防范道德风险，道德风险发生的概率反映了信息不对称的程度，本文采用 2005～2017 年银监会公布的季度不良贷款率对阈值进行检验。不良贷款率序列如图 2 所示。

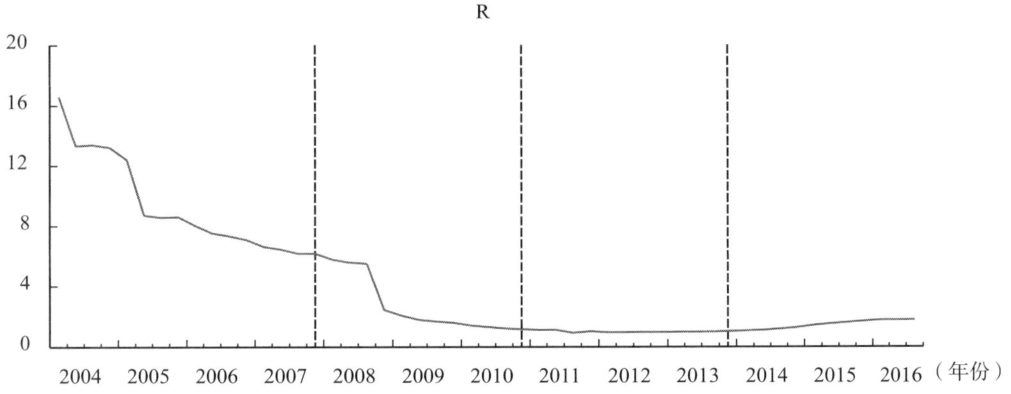

图 2　不良贷款率序列图

2005～2008 年不良贷款率持续下降，道德风险减小，信息不对称程度下降，其间我国货币政策阈值处于较高水平，信贷配给较紧；2009～2011 年虽然不良贷款率在下降，但是以美国为主要代表的金融危机严重影响中国的信贷市场，致该时期阈值下降；2012～2014 年不良贷款率基本稳定，金融市场发展良好，阈值上升；2015～2017 年不良贷款率上升，企业道德风险加大，阈值上升，信息不对称导致信贷配给严重。

五、结论与建议

通过对 2005～2017 年季度数据的实证检验得出，2005～2008 年、2009～2011 年、2012～2014 年、2015～2017 年的阈值分别为 0.0286116、0.0265132、0.0268266、0.0264435。2005～2008 年经济处于上升周期，有 6 个观测值大于阈值，即 40% 的货币增量对产出没有影响；2009～2011 年经济下行，有 9 个观测值大于该时期的阈值，即 75% 的货币增量对产出没有影响，并且阈值降低，信贷配给程度加重；2012～2014 年经济仍然处于下行周期，有 5 个观测值大于阈值，即 42% 的货币增量对产出没有影响，但是该期间金融市场制度不断完善，金融产品多样化，阈值较前期有所上升，信贷配给程度减轻；2015 ~2017 年经济增速持续下降，有 5 个观测值大于阈值，即 45% 的货币增量对产出没有影响，在当前金融市场条件下，阈值进一步下降，信贷配给进一步加强。由以上分析得出，信贷配给表现出强烈的顺周期现象，但是随着金融市场的完善、信息不对称程度的下降，信贷配给状况会不断减轻。

由于信息不对称所导致的信贷配给严重影响货币政策的有效发挥，疏通货币政策信贷传导通道，使货币通道和信贷通道更协调地服务于我国经济发展和当前的供给侧改革。首先，需要健全的金融市场体制和丰富的金融投资产品，使信贷市场多元化；公开市场具有广泛的投资者可以实现对融资企业经营信息的有效甄别，商业银行利用证券市场把信贷资产转让给其他投资者实现资金回笼，降低商业银行风险的同时提高了货币的周转速度，所以实现金融产品多元化满足不同资金供需主体的需求，实现资源配置效用最大化。其次，减少企业与银行的信息不对称程度。需要加强企业的信息披露，担保服务体系的建立可以降低商业银行由于信息不对称的惜贷行为，分散商业银行的贷款风险，使信贷供给曲线右移增加实体经济的货币供给量。第三方增信机构在对融资企业增信时也会对企业经营情况进行分析，从而使信息不对称程度降低，另外融资企业在购买第三方增信服务的同时相当于对商业银行贷款的保险，一定程度上降低了商业银行的贷款风险。最后，信贷市场的有效发挥还需要建立健全的监督体制。有效的金融监管是货币政策传导机制畅通的保障，为货币政策的有效发挥提供健康的金融环境。金融是实体经济的润滑剂和催化剂，良好的金融体系能够保证中央银行的货币政策得到充分实施。近年来由于经济下行预期，中央银行采取稳健性的货币政策，而商业银行为了规避经济下行的风险，将资金投资于金融同业业务，大型银行购买中小银行的同业负债，中小银行利用同业资金购买大型银行的理财产品，使得金融同业业务规模不断扩大，不仅延长了金融链条，加大了融资企业的贷款成本，也使得货币资金空转滞留在金融体系不能流向实体经济，阻碍了中央银行的货币政策传导，不能实现货币政策的预期效果。所以加强金融监管减少货币资金流向实体经济的阻力是实现货币政策传导畅通的有效途径。

参考文献

[1] Blinder, A. S., Credit rationing and effective supply failures [J]. Economic Journal, 1987, 97 (1): 327 -352.

[2] McCallum, J. Credit rationing and the monetary transmission mechanism [J]. American Economic Review, 1991 (81): 946 -951.

[3] Hansen, B. E. Inference when a nuisance parameter is not identified under the null hypothesis [J]. Working Paper, Boston College; Forthcoming, Econometrica, 1996.

[4] John W. Galbraith. Credit rationing and threshold effects in the relation between money and output [J]. Journal of Applied Econmetrics, 1996, 11 (4): 419 -429.

[5] 蒋瑛琨，刘艳武，赵振全. 货币渠道与信贷渠道传导机制有效性的实证分析 [J]. 金融研究，2015 (5): 70 -79.

[6] 周孟亮，李明贤. 我国货币政策传导途径的实证研究 [J]. 山西财经大学学报，2016 (6): 49 -53.

[7] 毛泽盛，周志敏. 货币渠道与信贷渠道的比较研究 [J]. 南京审计学院学报，2017 (5): 16 -22.

[8] 胡臻. 中国货币政策非对称性研究 [J]. 金融与经济，2013 (3): 42 -46.

[9] 孙俊. 货币政策转向与非对称性研究 [J]. 金融研究，2013 (6): 60 -73.

[10] 刘丽巍，罗丹. 信贷配给程度对我国货币政策效果的影响 [J]. 财经问题研究，2012 (9): 57 -62.

[11] 杜江，袁景安译. 应用计量经济学时间序列分析 [M]. 北京：机械工业出版社，2012.

[12] 彭志文，张伟译. 货币经济学 [M]. 北京：中国人民大学出版社，2013.

An Empirical Study on the Threshold Effect of Credit Rationing

Zhao Xiufang　Wang Qianqian

Abstract: Monetary policy influences the economy through monetary channel and credit channel. China implements the counter-economic monetary policy, while credit channel shows the phenomenon of economic cycle. During the economic boom period, credit rationing is reduced, while in the economic downturn, monetary policy transmission is not complete, seriously affecting the implementation of monetary policy. Based on the quarterly data from 2005 to 2017, we use the TAR method of Chan estimation threshold to estimate the credit ration in China, and get the threshold of China's monetary policy. Further verify credit rationing and information asymmetry provides reference for improving the liquidity disposition and preventing financial risks.

Keywords: Credit Rationing Threshold Effect Asymmetry Moral Hazard

小微企业抵押信贷配给与异质性甄别

张德昌[*]

摘　要： 本文在对小微企业信贷合约的利率配给和抵押配给进行理论分析的基础上，选取某国有银行2015~2018年的企业贷款数据，对不同信用等级企业的抵押贷款质量和违约情况进行实证研究。实证研究表明，抵押信贷配给降低贷款违约率的作用是有限的，而且，考虑企业的异质性后，抵押对贷款违约的影响并不相同。对缺乏抵押资产的高风险小微企业而言，逆向选择模型的抵押信号显示机制并不存在。降低事后违约的道德风险关键是商业银行事先甄别中小企业异质性，根据小微企业的异质性进行分类管理，以规避逆向选择。降低小微企业的信贷风险关键在于甄别企业的异质性，而银企长期合作是甄别小微企业异质性的关键路径。

关键词： 中小企业的异质性　信贷抵押配给　信贷风险　银企合作

一、引　言

近年来，我国小微企业的发展一直处于“强位弱势”的尴尬境地，其中小微企业所普遍面临的信贷融资困境成为困扰其发展的最大瓶颈，也成为各国普遍面临的一个难题。信息不充分、信用风险高是中小企业的基本特征。信息经济学对小微企业融资难的解释文献众多，大多数学者都把由信息不对称引发的信贷风险作为小微企业融资困境的重要成因，信息不对称所造成的事先的逆向选择和事后的道德风险问题是小微企业信贷融资难的一个根本性原因，其中最具影响的学者是施蒂格利茨和韦斯(Stiglitz and Weiss，1981)。

从相关文献的研究来看，某种信贷配给通常被认为是降低信贷市场逆向选择和道

* 张德昌（1965—），男（汉族），辽宁沈阳人，沈阳航空航天大学副教授，研究方向：中小企业融资。

德风险的重要手段，信贷配给也是大量国外小微企业融资文献的主题，学者们做了大量的研究，如施蒂格利茨和韦斯（1981）。现代商业银行信贷行为理论认为，信贷合约的设计包括利率和抵押两个变量，这两个变量的不同搭配构成不同的信贷合约，而对小微企业信贷通常采用信贷抵押配给。逆向选择模型认为，抵押品是鉴别高质量借款者的标志，因而，抵押品与违约率负相关。低违约风险的借款者会用抵押品显示自己的高信用，以获得更加有利的信贷条件（Bester，1994）。陈和塔科尔（Chan and Thakor，1987）认为银行要求提供抵押品能够缓解逆向选择问题，抵押品起到信号作用，有助于降低信贷市场的逆向选择。道德风险模型认为，抵押品与较高的信贷风险相联系。如曼克夫等（Menkhoff et al.，2006）认为抵押品有助于降低借款人的违约动机，从而降低道德风险。但一些实证研究表明，抵押贷款具有较高的违约率（Scott et al.，1986）。奥诺和于苏吉（Ono and Uesugi，2009）实证研究发现，在小微企业中，抵押与高风险的借款者呈正相关关系。而且银行过度依赖抵押品并不能解决违约率问题，还会引发其他很多问题。斯科特（Scott，1977）认为抵押品价值与企业破产可能性成正比；弗罗因德等（Freund et al.，1998）认为这种信贷模式将导致信用危机，银行过度依赖抵押品升值而缺乏严格信用分析的激励。

从现有的研究来看，理论分析强调信贷市场存在道德风险和逆向选择，信贷抵押能够降低道德风险和规避逆向选择。

在信息不对称条件下，我国商业银行为降低信贷风险，通常将小微企业统一视为高风险群体，设定严格的抵押条件，实行抵押型信贷配给。但是，缺乏资产抵押是小微企业的共同特征，从而造成小微企业信贷融资困境。逆向选择模型认为抵押品有助于降低信贷市场的逆向选择，但是，对于普遍缺乏资产的小微企业而言，信用状况好的优质小微企业却无法利用抵押的信号功能，显然，传统的逆向选择模型缺乏说服力。在信用等级和信用风险上，小微企业存在异质性，统一的抵押型信贷配给会将信用等级高、低风险的中小企业也驱逐出信贷市场。

如果商业银行能够甄别中小企业异质性，对中小企业信贷实行分类管理既有助于降低信贷风险，也有利于缓解中小企业面临信贷融资困境。

传统的道德风险模型认为抵押品有助于降低道德风险。然而，一些实证研究表明，抵押贷款具有较高的违约率，说明信贷抵押对降低事后违约的道德风险的作用有限，反而可能引发逆向选择问题。因而，我国商业银行实行的普遍抵押信贷配给对降低信贷违约风险的效果也亟待验证。显然，如果抵押配给对降低信贷风险的作用有限，则信贷抵押并不是降低信贷风险的良好工具。

本文的研究试图说明，对于普遍缺乏抵押资产的小微企业信贷而言，信贷抵押配给并不具有甄别企业异质性的功能，无法解决逆向选择问题，而抵押配给对于降低事后道德风险的作用也可能极为有限。商业银行的抵押型信贷配给并不能很好地解决信息不对称问题，降低信贷风险。降低小微企业信贷风险的关键是识别企业的异质性，对小微企业信贷实行分类信贷管理。

二、小微企业信贷合约设计

信息不充分、信用风险高是小微企业的基本特征，目前我国小微企业信息不对称严重，经营不稳定、违约率和倒闭率较高，且普遍采用有限责任的治理结构，债务融资代理成本较大，小微企业信贷存在很高的交易成本（信息搜寻成本和保证贷款履约的监督成本）。本文应用信用契约理论，通过构建经济模型，分析存在交易成本约束下的商业银行信贷合约设计。

小微企业信贷是银行和小微企业之间的一种信贷合约行为，商业银行与小微企业间签订的合同为标准债务合约。现代商业银行信贷行为理论认为，信贷合约的设计包括两个变量：信贷利率和抵押要求。一般而言，在存在很高的信息搜寻成本和保证贷款履约的监督成本的情况下，商业银行可以通过提高贷款利率予以补偿，本文首先研究信贷合约的设计中的信贷利率变动的效应。

（一）小微企业信贷利率配给与逆向选择效应

假定企业都是风险中性，只关心投资一个项目的预期收益 E_e，商业银行的预期收益是 E_b。同时假定所有中小企业投资项目的预期收益相等，但它们的风险程度不同。设项目成功的概率为 p_i，则失败的概率就是 $(1-p_i)$；项目的贷款额为 L，贷款利率为 r_L，项目失败时无利润，项目成功时的收益为 R。

商业银行的预期收益是：

$$E_b = p_i(1+r_L)L + (1-p_i)L = L(1+r_Lp_i)$$

企业借款的预期利润函数为：

$$E_e = p_i[R_i - (1+r_L)L]$$

企业的“参与约束”条件是：$E_e \geqslant 0$。在企业模型中，假设：n_1 个低风险低收益的企业拥有项目 1：$R_1 = 130$，$p_1 = 2/3$；n_2 个高风险高收益的企业拥有项目 2：$R_2 = 140$，$p_2 = 1/2$，$L = 100$。

据已经假设的条件，投资项目 1 企业的“参与约束”为：

$$E_e(1) = 2/3[130 - (1+r_L)\times 100] \geqslant 0$$

解得：$r_L \leqslant 30\%$

同样，可以解得投资项目 2 企业的“参与约束”条件为：$r_L \leq 40\%$。

可以看出，当商业银行的贷款利率小于等于30%时，投资项目 1 和投资项目 2 的所有企业都会申请贷款；但当商业银行利率提高到超过 30%，但小于等于 40% 时，只有高风险低收益投资项目 2 的企业才会申请贷款，低风险高收益投资项目 1 的企业将退出借款者行列，即发生了逆向选择效应；如果利率超过 40%，则没有企业愿意到商业银行借款。

由此可见，当商业银行提高贷款利率时，问题的关键不仅在于商业银行贷款规模的急剧下降，更重要的是随着利率的提高，会有更多的“好的”中小企业被挤出信贷市场，剩下的借款者中，总体风险程度不断提高。

根据上述分析，利率的提高往往会导致严重的逆向选择效应。同样，根据不对称信息下的信贷配给理论，施蒂格利茨和韦斯（1981）解释了不对称信息下的逆向选择使银行被迫采用信贷配给而不是提高利率以使供需平衡。即使在利率自由化的国家，银行从来也只收 2% ~3% 的利差，向上是封顶的，更高利差的提议往往被银行视为有问题的信号而不被接受。

虽然我国已经开始逐渐实现利率市场化，但是利率的提高可能会导致严重的逆向选择效应，利率的风险补偿机制有限。另外，部分中小企业对资金需求旺盛，但又普遍缺乏风险意识，因而，对贷款利率的敏感程度较低，即使银行的贷款利率水平上浮，中小企业仍愿意付出更高的贷款成本。

（二）小微企业信贷抵押型配给

根据上述分析，提高利率往往会导致严重的逆向选择效应，甚至会加剧道德风险。显然，只进行利率设计的信贷合约会陷入困境，为防止信用风险的发生，银行会选择拒绝贷款，或者执行某种信贷配给政策。

为了规避逆向选择，银行必须全面了解客户的真实信息，可是，获取真实的信息要付出较高的成本。这样，一个简单的方法就是抵押作为信贷配给的标准，以能否提供足够的抵押担保来判断贷款的可行性。抵押既可以作为信用风险的有效补偿机制，还可以减少监督成本。但是，我国的要素禀赋特点决定了我国的中小企业主要集中在一些技术和市场都比较成熟的劳动力密集型行业（林毅夫，李永军，2001）。我国中小企业自身资产规模不大，在总资产中，大约 60% 是应收账款和存货等动产，不动产很有限且大多设备陈旧，技术落后，价值低，变现率低，难以转让使得自身无法提供足额有效的抵押。一些高新科技企业，人力资源和无形资产的比重较大，可作为抵押品的不动产更少。企业抵押能力不足是造成银行“惜贷”和中小企业信贷困境的基本原因。

三、中小企业的异质性、抵押与违约风险

根据传统的道德风险模型，信贷抵押能够降低违约的道德风险，本文试图检验我国商业银行普遍实行的抵押信贷配给对降低信贷违约风险的实际效果。

（一）不同类型贷款的违约情况和资产质量

由于专门的小微企业的微观信贷数据很难获得，本文所用数据来自某商业银行省分行2015～2018年的各类企业贷款数据。虽然数据来自各类企业的贷款，但是所分析的结果同样可以说明中小企业抵押型信贷与违约风险之间的关系。

从表1的统计结果上看，抵押贷款违约率为14.14%，最小的为票据贴现，违约率为0.06%。可见，抵押贷款违约的比例远远高于其他类型贷款。此外，抵押贷款占总笔数的48.64%，占比最高，由此可见，抵押贷款是银行贷款的主要贷款类型。

表1　　贷款类型的违约情况

贷款类型	笔数（笔）	比例（%）	违约笔数（笔）	违约比例（%）
信用贷款	2588	2.89	182	7.03
保证贷款	10691	11.95	1238	11.58
票据贴现	29000	32.41	16	0.06
质押贷款	3670	4.10	367	10.00
抵押贷款	43521	48.64	6153	14.14
合计	89470	100	7956	8.89

本文不仅关注抵押对违约率的影响，也关注抵押对贷款质量的影响。根据中国人民银行制定的《贷款分类指导原则》，根据借款人的偿还能力，贷款质量分为五级，正常、关注、次级、可疑、损失。其中，正常和关注贷款归为正常类贷款，其他形态为不良贷款。本文界定的企业异质性以综合性的信用等级反映，企业信用等级对贷款质量有重要影响。

从表2的统计结果上看，根据贷款的五级分类标准，在抵押贷款中，正常贷款的比例为62.00%，低于其他类型的贷款，而除损失类贷款的其他不良贷款外均高于其他类型。因此，相当于其他类型贷款，抵押贷款的违约率最高。

表 2　　不同类型贷款的资产质量

贷款质量	信用贷款		保证贷款		抵押贷款		质押贷款	
	笔数（笔）	比例（%）	笔数（笔）	比例（%）	笔数（笔）	比例（%）	笔数（笔）	比例（%）
正常	2270	87.71	7313	68.40	26984	62.00	2869	78.17
关注	136	5.26	2140	20.02	10512	24.15	434	11.83
次级	11	0.43	357	3.34	2124	4.88	71	1.93
可疑	44	1.70	472	4.41	2658	6.11	204	5.56
损失	127	4.91	409	3.83	1243	2.86	92	2.51
合计	2588	100	10691	100	43521	100	3670	100

（二）异质企业的抵押贷款与违约情况

为简化分析，本文界定的企业异质性体现为信用等级的不同。为了考察抵押对不同信用等级企业的违约影响，根据银行的信用评级，将中小企业划分为三类：高信用等级（AAA、AA）、中等信用等级（A）、低信用等级（B、D）。以中等信用的企业作为参照组，将企业分为高信用等级和低信用等级。

图 1 显示，评级在 AA 级以下企业的抵押贷款比例比较高。而且，AA 级和 D 级企业的贷款抵押比例都高于居中的 A 级企业和 B 级企业。这说明，相对于中等信用等级企业，信用等级最低和信用等级较高的企业贷款采用抵押的比例较高。高信用等级企业愿意提供抵押品，因为提供抵押品主要是为了显示企业的高信用等级，谋求优惠的信贷条件。而低信用等级的企业则因为信用等级低，商业银行为避免违约风险，要求其提供抵押品。

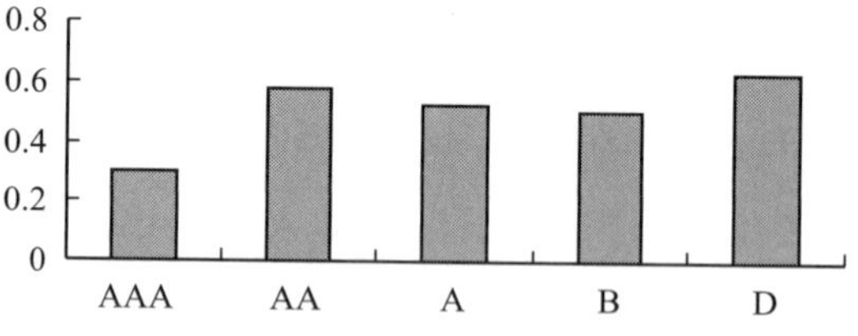

图 1　不同信用等级企业贷款的抵押比例

从图 2 可知，不同信用等级企业的违约率具有显著差异。随着信用等级的降低，抵押贷款违约率逐渐上升，这说明低信用等级的企业并没有因为提供抵押品而降低违约率。结合图 1，可以发现，AA 级以下企业贷款抵押的比例较高，但违约率也很高。

当然，抵押对不良资产最终演变为损失还是具有一定的防范作用。

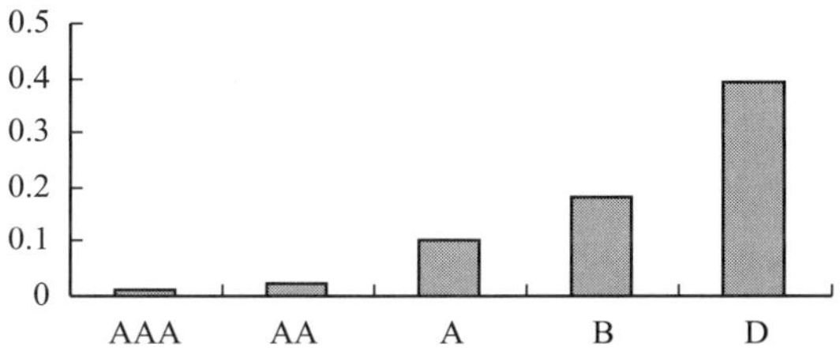

图 2　不同信用等级企业抵押贷款的违约比例

本文研究表明，抵押对违约率具有显著的正向影响，抵押的违约率较高，考虑企业的异质性，低信用等级的企业并没有因为提供抵押品而降低违约率。一个很重要的原因是由于存在抵押减少风险，银行缺乏对贷款者进行充分筛选的动力，在这种情况下，抵押反而造成了逆向选择。由此可见，抵押品对降低企业，尤其对于低信用等级企业违约风险的作用有限。

四、小微企业异质性的甄别路径——银企长期合作

在信息不对称条件下，企业风险收益、财务能力和业主品德属于私人信息。如果银行能够从信息不对称的企业“外部银行”转变为信息对称的“内部银行”，银行才能够更加全面地了解企业的信息，避免逆向选择。而只有银行与小微企业的长期近距离接触与合作才能够使这种转变成为可能。

问题是处于垄断地位的大银行与小微企业的长期贷款合作的可能性甚微。在我国当前垄断性大银行可选择的贷款对象众多，而且期望收益率较高。一方面，在利率自由化条件下，为增加收益和避免逆向选择，银行对小微企业贷款会采取高利率高抵押的信贷合同；另一方面，为实现规模经济要求，银行必然提高单笔贷款额度和抵押品的临界规模，因而，银行倾向于为信息透明、贷款规模大、抵押能力强的大型企业提供贷款。由此可见，众多信息不透明、收益水平低和抵押能力差的小微企业难以介入大银行信贷市场。由于在与大型银行对大型借款客户的争夺中，中小银行处于劣势地位，集聚战略成为中小银行的必然选择，大型银行不愿或不屑眷顾的收益低、风险高的小微企业信贷市场会成为中小银行的目标市场，使中小银行与小微企业进行长期合作成为可能。

同时，甄别企业异质性，中小银行更具优势。与大银行相比，小银行在向中小企业提供融资方面具有信息优势，这种信息优势主要来源于银企双方的长期合作（林毅夫，

李永军，2001）。由于小微银行具有地域性、社区性的特征（Berger and Udell，1998），使其能够贴近企业，深入企业内部，不仅可以获得企业真实的财务信息、业主品德信息，而且可以通过长期固定地与少数小微企业保持密切的近距离接触积累各种企业非专门化的知识和信息，如企业的行业、经营管理特点，资产状况等。

除了中小银行的地域性和社区性的特征外，小银行的组织机构也有利于全面准确地甄别企业非公开化的专门知识和信息。虽然从理论上来讲，大银行也可以依靠其众多的分支机构和信贷人员近距离接触，来收集关于小微企业的非公开的专门化知识和信息，从而降低决策的信息成本。但是因为大银行的组织结构复杂、代理链条过长，这些非公开的专门化知识的模糊性、专有性的特征使其很难在大银行内部不失真地传递。由于过高的传递成本，大银行贷款决策权必须下放给掌握这些信息的基层经理和信贷员，但这样做会在银行内部产生代理问题。与结构简单的小银行相比，科层结构复杂的大银行由于代理链条长，解决代理问题的成本会更高（Berger and Udell，2002）。大银行难以将决策权配置到低层级上去，因而这些信息对贷款决策的作用不大，基层人员也将失去收集这些信息的激励。可见，过高的信息成本也是大银行不愿介入小微企业信贷市场的重要原因之一。相反，小银行代理链条短，加之股权结构集中和员工持股，解决代理问题的成本较低。

五、结　　语

本文的研究结果表明，在信贷市场上，同时存在信息不对称导致的逆向选择和道德风险，根据道德风险模型，由于抵押具有可以事先观察和事后控制的特点，能够提高借款企业违约的机会成本，所以抵押担保能够降低事后道德风险的发生概率，弥补贷款损失，抵押担保成为银行对借款人事后道德风险的一种必要保险机制。但本文以及其他学者的实证研究表明，从总体看，我国商业银行抵押对贷款违约率具有显著的正向影响，只是对贷款最终演变为损失贷款具有负向影响。由此可见，抵押品缓解违约道德风险的作用有限。降低事后的道德风险的关键是商业银行的信贷管理需要考虑中小企业的异质性，事先甄别小微企业异质性更为重要，以避免逆向选择，应该按照企业的异质性进行分类管理。

高信用等级企业提供抵押品只是为了显示企业的高信用等级的信号，从而获得更加有利的贷款条件，抵押品对企业违约率并不产生影响，商业银行应该充分认识到抵押品对高信用等级企业的意义。对于中小企业而言，普遍缺乏抵押资产的特点决定不能利用抵押品来甄别优质企业，统一的抵押要求不利于优质中小企业的贷款。降低信用风险关键是事先甄别，商业银行应该在识别不同质借款者的基础上，对缺乏抵押资产的优质中小企业提供信用贷款。

由此可见，在信息不对称条件下，商业银行对小微企业的信贷合约设计，无论是利率配给机制还是抵押配给机制对降低信息不对称引发的道德风险和逆向选择的作用都是非常有限的。因此，本文认为降低信息不对称风险关键还在于解决信息不对称问题，即降低信贷风险，需要商业银行能够识别不同质的企业。而且，识别不同质的借款者，对于提高银行经营管理水平具有非常重要的意义（Adams et al.，2009）。

为识别"不同信用品质"的借款者，银行应该从信息不对称的企业"外部银行"转变为信息对称的"内部银行"。与大银行相比，地域性、社区性和组织机构简练的特征使中小银行在甄别小微企业异质性方面更具信息优势。因而，甄别企业异质性，有赖于中小银行与小微企业的长期合作。

参考文献

[1] Weiss A.，Stiglitz J E. Credit Rationing in Markets with Imperfect Information [J]. American Economic Review，1981，71（3）：393 -410.

[2] Bester H. The Role of Collateral in a Model of Debt Renegotiation [J]. Journal of Money，Credit and Banking，1994，26（1）：72 -86.

[3] Chan，A. V. Thakor，Collateral and Competitive Equilibria with Moral Hazard and Private Information [J]. Journal of Finance，1987（42）：345 -363.

[4] Menkhoff，Lukas，Doris Neuberger and Chodechai Suwanaporn，Collateral-based Lending：Emerging Markets：Evidence from Tailand [J]. Journal of Banking and Finance，2006（30）：1 -21.

[5] Scott，J. A.，T. C. Smith，The Effect of the Bankruptcy Reform Act of 1978 on Small Business Loan Pricing [J]. Journal of Financal Economics，1986，16（1）：119 -140.

[6] Ono A，Uesugi I. Role of Collateral and Personal Guarantees in Relationship Lending：Evidence from Japan's SME loan market [J]. Journal of Money，Credit and Banking，2009，41（5）：935 -960.

[7] Scott Jr J H. Bankruptcy，Secured Debt，and Optimal Capital Structure [J]. The Journal of Finance，1977，32（1）：1 -19.

[8] Freund J.，Curry T.，Hirsch P.，et al. Commercial Real Estate and the Banking Crises of the 1980s and Early 1990s [J]. History of the Eighties：Lessons for the Future，1997（1）：137 -165.

[9] 林毅夫，李永军. 中小金融机构发展与中小企业融资 [J]. 经济研究，2001，

1 (10).

[10] Berger A. N. , Udell G. F. The Economics of Small Business Finance: The Roles of Private Equity and Debt Markets in the Financial Growth Cycle [J]. Journal of Banking & Finance, 1998, 22 (6 – 8): 613 – 673.

[11] Berger A. N. , Udell G. F. Small Business Credit Availability and Relationship Lending [J]. The Importance of Bank Orgnizational. Structure Economic Journal, 2002, 112 (477): 32 – 54.

[12] Adams, William, Liran Einav and Jonothan Levin, Liquidity Constraints and Imperfect Information in Subprime Lending [J]. American Economic Review, 2009, 99 (1): 49 – 84.

[13] 和军，张德昌. 中小企业的异质性与信贷风险防范 [J]. 理论学刊，2012 (9): 38 – 42.

[14] 张德昌. 论中小企业的信贷困境与中小银行的抵押品观念创新 [J]. 经济经纬，2005 (6): 99 – 102.

[15] 张德昌. 抵押品价值认识创新与银企长期合作 [J]. 财会月刊，2007 (7): 37 – 39.

Collateral Credit Rationing of SMEs and Heterogeneity Discrimination

Zhang Dechang

Abstract: Based on the theoretical analysis on the system of rate credit rationing and collateral credit rationing in credit contract of SMEs with imperfect information, using corporate lending data from a large state-owned bank from 2015 ~ 2018, this paper studies the probability of default in the credit market. This paper find that the effect of collateral on reducing the probability of default is limited. At the same time, when the corporate heterogeneity is considered, the effect of collateral on the probability of default is different. The paper argues that there is not the signal forecast system of collateral of the adverse selection model for the high credit SMEs with lack of assets. It is the key method that the banks are able to discriminate the corporate heterogeneity for reducing the moral hazard, and provides different contracts to SMEs with different credit. This paper also provides that the long-term cooperation between SMEs and small and medium-sized banks is an important approach for the banks to discriminate the corporate heterogeneity.

Keywords: Corporate Heterogeneity Collateral Credit Rationing Credit Risk Cooperation between SMEs and Small and Medium-sized Banks

上市银行资本结构与经营绩效相关性实证研究

陈献勇　骆梦柯*

摘　要：在现代社会中，银行业经营业绩的表现直接决定了一个国家的经济发展水平。就现阶段而言，无论是从公司质量还是从资产规模上来看，上市银行在我国银行体系中都占据着主导地位，上市银行经营绩效的好坏直接决定了我国银行业的发展水平。通过选取全国32家上市商业银行2016~2018年的样本数据，对银行资本结构和经营绩效的关系进行实证分析。根据理论分析对资本结构与经营绩效的关系做出若干假设，然后以经营绩效为被解释变量，以资本结构为解释变量，通过数据的相关性分析、逐步多元线性回归等方法来验证资本结构与经营绩效的相关性，最后在理论与实证结合的基础上提出优化商业银行资本结构和经营绩效的建议。

关键词：上市银行　资本结构　经营绩效

一、引　　言

我国现代银行业历经40多年的发展历程，形成的以中、农、工、商四大银行为主体的多元化现代银行业，有效地促进了我国现代经济的高速发展，使得银行业在金融领域和国家经济发展中占据重要地位。上市商业银行不仅对其他类型商业银行的发展具有指导作用，也对国家的经济发展和社会的和谐起到了稳定作用。在实际工作中，企业管理者慢慢发现了公司资本结构对公司绩效存在着一定的影响。近年来，中西方学者对公司资本结构和公司绩效的相关性分别进行了理论和实践的研究，取得了

* 陈献勇（1972—），辽宁鞍山人，沈阳师范大学副教授，博士，硕士生导师，主要研究方向：产业经济理论，电子邮箱：cxyhonglong@126.com；骆梦柯（1993—），河南许昌人，杭州师范大学硕士研究生，主要研究方向：文化创意产业。

丰硕的成果。

西方学者很早就开始了对资本结构和经营绩效的相关性研究，但是学术界也存在不同的看法与意见。韦斯顿（Weston，1963）在莫迪利亚尼和米勒（Modigliani and Miller）的MM理论模型基础上，又引入因变量“公司规模”，实证结果显示负债成本低于股权成本，负债比率越高，公司加权平均资本成本就会越小，继而公司价值越大。经济学家克莱茵（Klein）提出把银行看作普通的市场经营企业个体，用预期利润最大的方法，以市场为依据，自由决定资产组合、负债结构以及企业规模的最优化。这个理论一经推出，得到了社会的广泛关注，自此对银行资本结构的研究越来越多。经济学家普林格尔（Pringle）认为现代银行所处的市场环境是不完善的，如交易需求信息不畅通；交易程序复杂、成本高昂；政府干预；等等。这些问题都限制了银行的自由放款和自由投资生产，从而降低经营利润和股东权益。根据经济学原理，银行放款的超额边际收益等于权益资本的超额边际成本时，银行就可以确定一个最优权益资本水平。这时股东就可以得到投资的最大利益，且不会影响到企业经营资本。

经济学家卡拉科恩（Karakern）和沃拉克里（Wallacre）提出，市场有进入壁垒的情况下，银行可以通过对存款的交易服务投资利用，从而创造价值。也就是说，一家银行的负债率越高，它的潜在价值也就越高。银行在经营时需要综合考虑负债率和破产成本，从而得到最优资本结构。经济学家梅森（Maisnn）提出在研究银行资本结构时，应该综合考虑各种复杂因素，这些因素主要包括资本市场的信息不对称、破产成本等。直到1983年，经济学家奥格勒（Orgler）和塔格特（Taggart）提出将客户的存款作为一种商品，还为此建立了存款成本函数。自此，银行的资本结构研究又往前迈进了一大步。

我国学者对资本结构与经营绩效关系的初始研究起步较晚。从20世纪90年代后期开始，国内一些学者才渐渐地对其进行研究，与国外学者一样，国内学者在此研究上也存在分歧。我国正处于转轨阶段，与成熟市场经济国家的经济环境和制度背景大不相同。从所有制结构和流通股比例的视角来看，如今的分析成果大多支持“相关论”的观点，倾向于认为股权结构的多元化有助于提高绩效，政府以此为依据开展国有企业和国有商业银行的股份制改革。王晓枫（2003）从资本结构和盈利能力方面对我国资本充足率的现状进行了一系列的分析，并按照巴塞尔协议这一国际标准，提出了如何应对资本充足率低于8%的问题，防范金融风险。吴栋、周建平（2006）采用3SLS方法，利用我国上市银行的相关财务数据建立相关性模型并进行实证研究，最终得出对资本的有效监管虽然在理论上能够改善上市银行的资本结构，但是实证分析结果并不显著。曹艳华（2009）对我国国有商业银行和股份制商业银行2004～

2007 年的数据进行实证分析，实证研究表明国有商业银行的资本结构与风险承担行为有着显著的关系，而股份制商业银行资本结构对风险承担行为没有显著影响。赵翔、刘明慧（2011）的分析表明，商业银行的资本充足率应该确定在一个合理的区间，并不是越高越好。毛秀英、陈敏、付冬芹（2011）通过分析指出商业银行资本充足率是银行抵御风险的重要屏障，提出了提高我国商业银行资本充足率的途径和方法，例如从多方面增加一级资本和二级资本，减少风险加权产数量，提高盈利水平，建立风险管理机制，强化风险管理体系等措施。不足的是，在构建合理的、科学的、适合我国企业发展特征的资本结构方面还存在困难。

本文通过研究商业银行的资本结构和商业银行经营绩效的相关性，通过对资本结构的优化来为提高经营绩效提供理论和参考。至 2018 年我国上市银行共 45 家，但由于一些银行近两年刚上市，数据不足，所以剔除了一部分，最后共选取的全国有代表性的 32 家上市商业银行 2016 ~ 2018 年的样本数据进行实证分析，详细地分析资本结构与经营绩效之间的相关关系。一方面可以进一步完善我国商业银行的资本结构，提高商业银行经营绩效；另一方面也有助于促进商业银行的进一步深化股份制改革，提高我国商业银行的市场竞争力以及风险应对能力，从而在激烈的竞争中激发内生动力，获得稳健的发展。

二、上市银行资本结构现状分析

在分析商业银行的经济活动时，对于银行所处背景的分析是不可缺少的。资本结构一方面代表在企业的资金中债务和所有者权益资本之间的比例关系，以衡量企业的债权人和所有者资金筹集贡献程度；另一方面代表股权结构或债权结构，即股权资本或债权资本各构成部分之间的比例关系。

（一）我国上市银行核心资本结构现状

我国中行、工行、农行、建行、中信银行的前五大股东持股比例都在 90% 以上，说明这几家银行的控股权十分集中；交通、光大、平安银行、浦发银行的前五大股东持股比例均在 60% 左右，说明这几家银行的股权集中程度也很高；其余几家银行如招商银行、民生银行、南京银行的前五大股东持股比均在 50% 以下。在国有四大银行中，中国银行、建设银行的第一大股东持股比例在 50% 以上，控股权很高；在股份制商业银行中，平安银行第一大股东持股 49.56%，前五大股东持股比例达到 64.61%；中信银行前五大股东占 94.74%。综上分析，可以看出我国商业银行大股东比较多，股权集中程度高，与西方国家有着明显的区别。这与我国的社会形态以及经济状态有一定联系。国家政策的制定对银行业的发展有很大的影响，让商业银行自由化、私有化，与我国正处于社会主义初级阶段的国情不相适应。

（二）我国上市银行附属资本结构现状

2016～2018 年我国上市银行附属资本情况如表 1 所示。

表 1　　2016～2018 年我国上市银行附属资本情况

银行简称	银行资本净额（百万元）			附属资本总额（百万元）			占总资本比例（%）		
	2016 年	2017 年	2018 年	2016 年	2017 年	2018 年	2016 年	2017 年	2018 年
平安银行	234387	249227	269115	64299	64887	69333	27.43	26.04	25.76
浦发银行	451681	490884	589308	120985	102684	154188	26.79	20.92	26.16
民生银行	444030	514401	547281	105356	139777	131555	23.73	27.17	24.04
招商银行	449116	546534	641881	60354	120845	159541	13.44	22.11	24.86
华夏银行	178991	223035	276056	46135	74187	77859	25.78	33.26	28.20
中国银行	1609537	1725330	1922350	328696	369242	456581	20.42	21.40	23.75
工商银行	2127462	2406920	2644885	252486	376812	412852	11.87	15.66	15.61
兴业银行	456958	526117	577582	131789	134692	137217	28.84	25.60	23.76
中信银行	475008	502821	583392	132445	136254	180038	27.88	27.10	30.86
交通银行	723961	790381	817549	155830	180927	182742	21.52	22.89	22.35
宁波银行	64784	82020	106757	19582	30034	40953	30.23	36.62	38.36
南京银行	86902	92445	103697	34852	35334	35781	40.10	38.22	34.51
北京银行	184757	219747	237505	59655	61751	61791	32.29	28.10	26.02
建设银行	1783915	2003072	2348646	234081	311740	459256	13.12	15.56	19.55
农业银行	1546500	1731946	2073343	315470	391993	489416	20.40	22.63	23.61
光大银行	287880	385524	412012	69004	112498	122374	23.97	29.18	29.70
江苏银行	106681	136163	151334	23159	44065	47447	21.71	32.36	31.35
贵阳银行	25999	30630	41116	4254	5433	10644	16.36	17.74	25.89
江阴银行	9727	10039	11433	714	854	895	7.34	8.51	7.83
无锡银行	10780	13124	17431	2023	3898	6604	18.77	29.70	37.89
常熟银行	12147	14084	19009	2131	3361	5821	17.54	23.86	30.62
杭州银行	45920	68719	75683	7468	26978	28623	16.26	39.26	37.82
上海银行	136684	169959	186679	21139	43178	45625	15.47	25.40	24.44
苏农银行	8392	8817	12054	681	759	3155	8.11	8.61	26.17

续表

银行简称	银行资本净额（百万元）			附属资本总额（百万元）			占总资本比例（%）		
	2016 年	2017 年	2018 年	2016 年	2017 年	2018 年	2016 年	2017 年	2018 年
张家港行	7833	8775	12580	681	753	2977	8.69	8.58	23.66
成都银行	28719	32626	39598	6699	7609	8282	23.33	23.32	20.92
郑州银行	28464	41614	45958	7188	17238	17246	25.25	41.42	37.53
长沙银行	27471	31595	39951	7366	8176	8833	26.81	25.88	22.11
紫金银行	11706	14257	16854	2408	4342	4609	20.57	30.46	27.35
青岛银行	20784	33806	36022	3319	16072	16753	15.97	47.54	46.51
西安银行	19217	21135	23824	3277	3435	3861	17.05	16.25	16.21
青农商行	18112	20638	24463	3120	3423	3797	17.23	16.59	15.52

资料来源：作者根据 Wind 数据库整理，http：//www.wind.com.cn/NewSite/edu.html。

从 2016～2018 年上市银行资本净额、银行附属资本、银行附属资本占资本净额的比例情况数据分析可以看出：

以银行资本净额为指标分析，32 家上市商业银行近三年资本净额均呈上升趋势。工商银行、建设银行、中国银行、农业银行稳居前四名；在股份制商业银行中，兴业银行、中信银行、招商银行排名靠前，招商银行在近三年资本净额上升较快。总体来看，我国商业银行整体资本净额变化平稳，整体向好。

以附属资本总额占银行资本净额的比例来看，2016～2018 年 32 家上市银行附属资本所占比例总体呈平缓上升趋势，有个别银行在 2018 年有所下降，总体平均占比为 24.4%，表明我国商业银行附属资本占总资本的比例相对较低。由此也可以推断出我国上市商业银行核心资本占比相对较高，需要提高银行防范风险能力。

（三）我国上市银行资本充足率现状

《新巴塞尔协议》规定，银行的资本充足率不得低于 8%，我国银保监会对我国商业银行的资本充足率的监管也十分严格，资本充足率代表银行抵御风险的能力，资本充足率过低，表示银行抵御风险能力较差，而资本充足率过高又会使银行的综合效益有所下降，导致资金利用率不足。

在 32 家上市银行中，资本充足率都达到了规定的标准，资金状况表现良好，抵御风险的能力较强。资本充足率在 10% 以上，排列前三的为建设银行 17.19%、无锡银行 16.81%、招商银行 15.68%，排列在最后的三家银行为平安银行 11.5%、民生银行 11.75%、北京银行 12.07%。

（四）我国上市银行经营绩效现状

商业银行作为我国金融体系的主体，其运转效率的高低直接影响和制约着金融体系的整体效率。至2019年4月30日，A股上市公司2018年年报全部披露完成，32家上市银行共实现营业收入42479.35亿元，同比增长8.5%，实现净利润14893.25亿元，同比增长5.59%。在净利润方面，我国上市银行净利润总体呈上升趋势，32家A股上市银行归母净利润超过千亿元的为工商银行（2976.76亿元）、建设银行（2546.55亿元）、农业银行（2027.83亿元）和中国银行（1800.86亿元），上述四大银行归母净利润合计为9352亿元，占32家上市银行的62.79%。32家上市银行归母净利润增速超过10%的有14家，增长较快的多为区域性银行，增速超过15%的有5家，分别为宁波银行（19.85%）、成都银行（18.95%）、杭州银行（18.94%）、上海银行（17.65%）、常熟银行（17.53%）。郑州银行是其中唯一一家净利润下降的银行，同比降幅为28.53%。

从我国上市银行盈利能力来看，2016~2018年净资产收益率均超过了10%，净资产收益率变动平缓。从我国上市银行流动性现状来看，2016~2018年我国32家上市商业银行流动性比例呈逐年上升趋势，均达到了人民币短期资金流动性比例不小于25%的监管最低要求。从我国上市银行不良贷款现状分析来看，上市公司不良贷款率都已经达到监管的要求（不大于5%），而上市银行中的国有银行与股份制银行在该指标上并没有显著的区别。

三、上市银行资本结构与经营绩效关系的实证分析

（一）研究假设

结合理论基础以及上文的分析，本文对商业银行资本结构与经营绩效的影响提出了如下几点假设。

H1：第一大股东的持股比例与银行绩效负相关。

H2：前五大股东的持股比例与银行绩效正相关。

H3：附属资本占核心资本比例与银行绩效正相关。附属资本同样可以增加商业银行的资本，附属资本中的债务资本还能加强商业银行的外部约束，促使其提升经营绩效。

H4：资本充足率与银行经营绩效正相关。

（二）信度分析

信度检验用来检验测量量表的可靠性和稳定性，主要采用 Cronbach 的 Alpha 系数法进行检验，Cronbach 的 Alpha 系数值大于 0.7 表示信度较好，系数值越大则越好。

$$\alpha = k[1 - (\sum_{i=1}^{k} S_i^2)/S_x^2]/(k - 1)$$

对量表的数据进行 KMO 及 Bartlett 检定，结果显示 KMO 及 Bartlett 检定的值是 0.797，大于 0.6，Bartlett 的球形检定达到显著性水平，P 值为 0.000，小于 0.05，所以调查问卷量表的数据适合做因子分析。

（三）主成分分析

本文主要研究商业银行资本与银行经营绩效之间的关系，对于银行经营绩效的选择采用主成分分析法。衡量银行经营绩效的 6 个指标：托宾 Q （X1）、每股收益（X2）、不良贷款率（X3）、流动性比例（X4）、附属资产率（X5）、净资产率（X6）。其中表 2 中成分 1 代表托宾 Q，2 代表每股收益，3 代表不良贷款率，以此类推。

对量表部分的数据采用主成分分析法提取丰因子，如表 2 所示，总方差达 71.840%，第一主成分特征值为 1.784，方差贡献率为 29.725%。第二主成分特征值为 1.446，方差贡献率为 24.103%。第三主成分特征值为 1.081，方差贡献率为 18.011%。方差的比重均大于 1。因此选择前三个成分可以很好地代表 32 家银行的数据信息。

表 2　　方差分解主成分提取结果

解释的总方差									
成分	初始特征值			提取平方和载入			旋转平方和载入		
	合计	方差的百分比（%）	累积百分比（%）	合计	方差的百分比（%）	累积百分比（%）	合计	方差的百分比（%）	累积百分比（%）
1	1.784	29.725	29.725	1.784	29.725	29.725	1.628	27.134	27.134
2	1.446	24.103	53.828	1.446	24.103	53.828	1.590	26.508	53.642
3	1.081	18.011	71.840	1.081	18.011	71.840	1.092	18.198	71.840
4	0.715	11.910	83.749						
5	0.628	10.470	94.219						
6	0.347	5.781	100.000						

提取方法：主成分分析。

经正交旋转后的因子负荷值均大于0.4，成分1中包含附属资产率和净资产率，反映的是资产收益指标；成分2中包含托宾Q和每股收益，反映的是银行的盈利能力；成分3中包含不良贷款率和流动性比例，反映的是流动性风险指标。正交旋转后的主成分所包含的因子和综述中所提到的理论相吻合。具体如表3、表4所示。

表3　　成分矩阵

	成分		
	1	2	3
托宾Q	-0.504	0.554	0.394
每股收益	-0.733	0.314	-0.006
不良贷款率（%）	0.315	-0.648	0.252
流动性比例（%）	0.000	-0.151	0.920
附属资产率（%）	0.599	0.607	0.053
净资产率（%）	0.731	0.479	0.113

提取方法：主成分分析。

表4　　正交旋转成分矩阵

	成分		
	1	2	3
托宾Q	0.035	0.794	0.289
每股收益	-0.339	0.719	-0.063
不良贷款率（%）	-0.164	-0.652	0.563
流动性比例（%）	0.006	0.011	0.932
附属资产率（%）	0.851	0.051	-0.052
净资产率（%）	0.872	-0.123	0.030

提取方法：主成分分析。

根据表2、表3、表4，可以得出前三个主成分的表达式：

$$F1 = -0.504X1 - 0.733X2 + 0.315X3 + 0.000X4 + 0.599X5 + 0.731X6$$

$$F2 = 0.554X1 + 0.314X2 - 0.648X3 - 0.151X4 + 0.607X5 + 0.479X6$$

$$F3 = 0.394X1 - 0.006X2 + 0.252X3 + 0.920X4 + 0.053X5 + 0.113X6$$

把相关指标数据代入到以上公式可以求得三个主成分的数值。然后以每个主成分的特征值的加权平均数作为权重，从而可以计算出综合绩效指标 Y。

（四）相关性分析

相关分析是用于研究变量间不完全确定的随机关系的统计方法。Pearson 相关系数分析法常对连续变量进行分析，其基本公式如下：

$$r = \frac{\sum (X_i - \overline{X})(Y_i - \overline{Y})}{n\sigma_X\sigma_Y}$$

Pearson 相关系数，r 有如下特征：$|r| \leqslant 1$，$|r|$ 越大表示两变量相关性越强。如表所示，托宾 Q 与每股收益的相关系数为 0.389，资本充足率与净资产产率的相关系数为 0.666，附属资产率和净资产产率的相关系数为 0.542，说明数据间相关性强，适合做回归分析。具体如表 5 所示。

表 5　相关性分析统计

		托宾 Q	每股收益	流动性比例（%）	资本充足率（%）	不良贷款率（%）	净资产产率（%）	附属资产率（%）
托宾 Q	Pearson 相关性	1	0.389*	0.111	0.208	-0.262	0.000	-0.046
	显著性（双侧）		0.028	0.544	0.252	0.148	1.000	0.802
	N	32	32	32	32	32	32	32
每股收益	Pearson 相关性	0.389*	1	-0.059	-0.203	-0.221	-0.328	-0.116
	显著性（双侧）	0.028		0.747	0.265	0.225	0.067	0.529
	N	32	32	32	32	32	32	32
流动性比例（%）	Pearson 相关性	0.111	-0.059	1	0.103	0.136	-0.031	-0.013
	显著性（双侧）	0.544	0.747		0.574	0.458	0.868	0.945
	N	32	32	32	32	32	32	32
资本充足率（%）	Pearson 相关性	0.208	-0.203	0.103	1	-0.187	0.666**	0.221
	显著性（双侧）	0.252	0.265	0.574		0.305	0.000	0.223
	N	32	32	32	32	32	32	32
不良贷款率（%）	Pearson 相关性	-0.262	-0.221	0.136	-0.187	1	0.026	-0.110
	显著性（双侧）	0.148	0.225	0.458	0.305		0.889	0.549
	N	32	32	32	32	32	32	32
净资产产率（%）	Pearson 相关性	0.000	-0.328	-0.031	0.666**	0.026	1	0.542**
	显著性（双侧）	1.000	0.067	0.868	0.000	0.889		0.001
	N	32	32	32	32	32	32	32

续表

		托宾 Q	每股收益	流动性比例（%）	资本充足率（%）	不良贷款率（%）	净资产率（%）	附属资产率（%）
附属资产率（%）	Pearson 相关性	-0.046	-0.116	-0.013	0.221	-0.110	0.542**	1
	显著性（双侧）	0.802	0.529	0.945	0.223	0.549	0.001	
	N	32	32	32	32	32	32	32

注：* 为在 0.05 水平（双侧）上显著相关，** 为在 0.01 水平（双侧）上显著相关。

（五）回归分析

回归结果显示，模型 1 的 R 方为 0.416，调整后的 R 方数值为 0.124，模型 2 的 R 方为 0.455，调整后的 R 方数值为 0.182，模型 3 和模型 4 的 R 方分别为 0.921 和 0.834，调整后为 0.774 和 0.542，回归拟合效果较好。具体如表 6 所示。

表 6　　回归分析模型汇总

模型	R	R 方	调整 R 方	标准估计的误差	Durbin - Watson
1	0.645[a]	0.416	0.124	2.29278	3.408
2	0.674[b]	0.455	0.182	2.21568	2.719
3	0.921[c]	0.849	0.774	1.16568	2.983
4	0.834[d]	0.695	0.542	1.65712	1.973

注：a. 预测变量：（常量），第一大股东持股比例（%）；b. 预测变量：（常量），前五大股东持股比例（%）；c. 预测变量：（常量），资本充足率（%）；d. 预测变量：（常量），附属资本率（%）。

由表 7 可知，Anova 检验中模型 1 ~ 模型 4 的 Sig. 系数分别为 0.001、0.000、0.001、0.000，数值均小于 0.005，表明在置信度 95% 的水平下，回归分析效果显著。

表 7　　回归分析模型 Anova 分析结果

模型		平方和	df	均方	F	Sig.
1	回归	7.489	1	7.489	1.425	0.001[a]
	残差	10.514	2	5.257		
	总计	18.002	3			
2	回归	8.528	2	8.184	1.667	0.000[b]
	残差	9.475	1	4.909		
	总计	18.002	3			

续表

模型		平方和	df	均方	F	Sig.
3	回归	15.285	3	15.285	11.249	0.001[c]
	残差	2.718	0	1.359		
	总计	18.002	3			
4	回归	12.510	1	12.510	4.556	0.000[d]
	残差	5.492	2	2.746		
	总计		3			

注：a. 预测变量：（常量），第一大股东持股比例（%）；b. 预测变量：（常量），前五大股东持股比例（%）；c. 预测变量：（常量），资本充足率（%）；d. 预测变量：（常量），附属资本率（%）。

回归分析模型系数结果如表8所示。

表8　　　　回归分析模型系数结果

模型		非标准化系数		标准系数	t	Sig.
		B	标准误差	试用版		
1	（常量）	9.321	2.532		3.681	0.000
	第一大股东持股比例（%）	-0.159	0.133	-0.645	-1.194	0.000
2	（常量）	9.937	3.875		2.564	0.007
	第一大股东持股比例（%）	-0.064	0.337	-0.261	-0.191	0.007
	前五大股东持股比例合计（%）	-0.050	0.151	-0.453	-0.331	0.009
3	（常量）	-25.082	0.000		5.373	0.000
	第一大股东持股比例（%）	0.244	0.000	0.991	-5.082	0.002
	前五大股东持股比例合计（%）	-0.044	0.000	-0.402	3.573	0.000
	资本充足率（%）	2.042	0.000	1.485	2.664	0.003
4	第一大股东持股比例（%）	0.285	0.000	0.991	-5.542	0.002
	前五大股东持股比例合计（%）	-0.048	0.000	-0.402	3.573	0.000
	资本充足率（%）	3.042	0.000	1.485	2.664	0.003
	附属资本率（%）	5.421	3.543	3.543	0.221	0.000

对以上的回归结果剖析得出如下一些结论，第一大股东持股比例与经营绩效的相关系数为-1.194，t值检验所对应的Sig.系数小于0.05，具有明显的显著性，说明第一股东比例和经营绩效间存在负相关，即第一股东比例越高，银行的经营绩效越

差，和前文所提到的大股东持股的过于集中化会对经营绩效产生不利影响一致，假设 H1 成立；前五大股东持股比例与经营绩效的相关系数为 -0.331，t 值检验所对应的 Sig. 系数为 0.009，小于 0.05，具有明显的显著性，说明排名前五的各大股东的持股比例之和会对银行的经营绩效产生反向的作用效果。假设 H2 成立；回归结果显示附属资本比例与经营绩效的相关系数为 0.221，说明二者正相关，且在 10% 的置信水平下通过了 t 检验，结论与假设 H3 一致。附属资本比率是会对经营成果的改善产生喜人的效果的。附属资本同样可以增加商业银行的资本，附属资本中的债务资本还能加强商业银行的外部约束，促使其提升经营绩效。通过提高这些附属资本比例可以实现对资本结构的优化达到有益的作用结果。各家银行应充分发挥债务融资的种种优势，发挥杠杆应有的作用，为达到提高经营绩效的目的而积极努力。资本充足率与经营绩效的相关系数为 2.664，t 值检验所对应的 Sig. 系数是 0.003，小于 0.05，具有明显的显著性，说明资本充足率与经营绩效存在明显的正相关，结论与假设 H4 一致。说明资本越充足，银行会越注重对资本的有效管理和利用，减少资本成本，增加银行收益。

四、相关对策建议

通过对上述的实证研究进行总结，并且结合我国上市商业银行的现状，提出如下几点建议以提高绩效。

（一）改善商业银行的股权结构

我国商业银行股权结构的特点是第一大股东持股比例较大，并且前五大股东持股比之和占 60% 左右，从这两点来看，少数管理者对银行的经营决策和未来的发展方向起到了决定性作用。但我国资本市场不成熟，股权高度集中可能会使其他投资者服从于大股东，在利益方面受到损害，同时也可能与实现利润最大化产生冲突。因此，我国商业银行应该适当调整第一大股东的持股比例，以相对分散的股权结构解决资本结构的问题，如采取加大混合所有制改革的方式，保证资本结构相对稳定，使内部人员及岗位相互制衡，有利于科学地实施决策，保证银行可持续发展，提高银行的经营绩效。

（二）优化附属资本

从本文的数据分析来看，我国商业银行附属资本在资本总额中所占比例很低，平均占比在 15% ~20% 之间，通过以上的实证研究，可以得出上市银行附属资本占总资本的比例与经营绩效呈正向变动关系，所以适当增加附属资本占比能够提高银行的经营绩效。

（三）适当提高资本充足率

资本充足率的提高有利于改善银行经营绩效，银行提高资本充足率的方式有很多种，如通过内部融资、国家注资、发行中长期金融债券和可转换债券以及处理不良资产的方式进行，尽管当前不良贷款率保持在一个低水平，但仍需加强防范，银行管理者应增强防范风险意识，居安思危，思则有备，有备无患：国家也应当积极制定相关政策，采取相应措施，积极带动相关产业的发展。但银行自身应注意存贷比不易过高，不能只追逐短期利益最大化，而忽略安全性的管控。

参考文献

［1］谢钟芸．商业银行绩效问题研究：国内外文献综述［J］．中国市场，2017（22）．

［2］张建华，纪阳．我国上市商业银行治理对绩效影响的实证研究——基于16家上市商业银行2000～2014年的面板数据［J］．商业经济，2016（9）．

［3］邵爽．资本缓冲对中国上市银行绩效的影响研究——基于动态面板数据模型的实证分析［J］．浙江金融，2016（7）．

［4］靳玉英，贾松波．杠杆率监管的引入对商业银行资产结构的影响研究［J］．国际金融研究，2016（6）．

［5］高丽，刘昭郡．混合所有制、资本结构与银行经营绩效［J］．财会月刊，2015（17）．

［6］熊启跃，杨昊龙．危机以来银行资本监管问题的前沿研究：文献综述［J］．金融监管研究，2015（5）．

［7］熊启跃，黄宪．资本监管下货币政策信贷渠道的“扭曲”效应研究——基于中国的实证［J］．国际金融研究，2015（1）．

［8］张奕芳．上市商业银行股权结构与经营业绩关系的文献综述［J］．经济研究导刊，2014（14）．

［9］李梦雨．综合经营有助于提升商业银行绩效吗——国际经验与我国实证［J］．当代经济科学，2014（2）．

［10］孟卫东，孙广绪．经济周期和监管变化对资本缓冲、风险和绩效的影响——基于我国上市银行的实证研究［J］．上海金融，2014（2）．

［11］王玲玲．我国上市银行内部控制环境对经营绩效影响研究［D］．辽宁大学，2013.

［12］林秋月．股权结构对公司绩效的影响［D］．西南财经大学，2013.

［13］蔡红远．我国上市银行资本结构与经营绩效关系研究［D］．北京林业大学，2012.

［14］李三杰．我国上市商业银行资本结构与经营绩效的关系研究［D］．西南财经大学，2012.

［15］Antoine Martin，Bruno M. Parigi. Bank Capital Regulation and Structured Finance［J］. Journal of Money，Credit and Banking，2013（1）.

［16］Mohamed Belkhir. Do subordinated debt holders discipline bank risk-taking? Evidence from risk management decisions［J］. Journal of Financial Stability，2012.

［17］陈一洪．城市商业银行股权结构与绩效关系研究——对东部四省市27家城市商业银行的实证分析［J］．西部论坛，2014（2）.

［18］刘瑞波，安琦．基于DEA的股份制银行资本结构对经营绩效影响研究［J］．经济与管理评论，2014（2）.

［19］王轶群．中国上市商业银行股权结构与公司绩效实证分析［J］．中国乡镇企业会计，2014（3）.

［20］董银霞．我国商业银行经营绩效的全局主成分分析［J］．会计之友，2014（7）.

［21］王耀青，于研．新监管标准对我国商业银行经营绩效的影响研究［J］．现代管理科学，2014（3）.

［22］杨昆元，张静，葛倩．基于EVA的商业银行业绩评价研究［J］．中国商贸，2014（4）.

［23］赵鑫．上市商业银行股权结构与经营绩效研究［J］．时代金融，2014（3）.

［24］刘廷，郃秀军．我国上市商业银行盈利性的分析及改进策略——基于银行资本结构［J］．时代金融，2013（33）.

［25］郝晓春，丁岳维．我国商业银行利润效率分析与对策建议［J］．财会月刊，2013（4）.

An Empirical Study on the Correlation between Capital Structure and Performance of Listed Banks

Chen Xianyong　Luo Mengke

Abstract: In modern society, the performance of the banking industry directly determines the level of economic development of a country. As far as the present stage is concerned, both from the point of view of company quality and asset scale, listed banks occupy a dominant position in the banking system of our country, and the performance of listed banks directly determines the development level of our banking industry. Based on the sample data of 32 listed commercial banks from 2016 to 2018, this paper analyzes the relationship between bank capital structure and operating performance. Based on the theoretical analysis, several assumptions are made about the relationship between capital structure and business performance, and then the business performance is used as the interpretation variable, and the capital structure is used as the interpretation variable. The correlation between capital structure and business performance is verified by means of data correlation analysis and gradual multivariate linear regression. Finally, the paper puts forward some suggestions to optimize the capital structure and business performance of commercial banks on the basis of theory and empirical combination.

Keywords: Listed Bank　Capital Structure　Performance of Operations

《东北振兴与东北亚区域合作》投稿体例

《东北振兴与东北亚区域合作》是依托辽宁大学经济学“双一流”建设学科群，由辽宁省东北地区面向东北亚区域开放协同创新中心、辽宁省教育厅重点研究基地辽宁大学东北振兴研究中心联合创办的理论性学术文集，旨在打造东北及东北亚问题研究的学术阵地和交流平台，凝聚本领域学术研究力量，聚焦理论与实践前沿问题，活跃学术氛围，展示学术成果，推动学科建设，培养专业学术人才。

《东北振兴与东北亚区域合作》欢迎原创性的理论、经验和评论性研究论文，尤其是具有较高质量的关于东北振兴、东北亚区域合作及相关领域的研究论文、综述、调查报告。《东北振兴与东北亚区域合作》主要涵盖了“东北振兴”“东北亚区域合作”“经济热点”“一带一路”“区域经济”“产业经济”“宏观经济”“书评”等方面的内容。

《东北振兴与东北亚区域合作》以质量求生存，热诚欢迎海内外作者不吝赐稿。文章篇幅 1 万 ~1.5 万字左右为宜，符合学术道德规范。以下是有关投稿体例说明。

（1）稿件请寄至：沈阳市道义南大街 58 号辽宁大学经济学院《东北振兴与东北亚区域合作》编辑部，邮编：110136，联系电话：024－62602460；或发送电子邮件至：dbzxbjb@sina.com。

（2）文章标题应简明扼要，一般不超过 25 字，关键词一般不超过 6 个。

（3）作者简介、课题名称及编号置于首页底注或正文之前。

作者简介包括作者姓名（出生年－）、籍贯、单位、职务、职称、研究方向、电子邮箱。最好附联系电话，以便编辑部与作者联络沟通。

（4）参考文献体例。

［1］李政，于凡修．东北地区实现创新驱动发展的动力机制与基本路径［J］．社会科学辑刊，2017（01）：33－43.

［2］Steiner，F. Regulation，Industry Structure，and Performance in the Electricity Supply Industry［J］. Social Science Electronic Publishing，2000，86（17）：3855－3858.

［3］国家统计局．中国统计年鉴（2017）［M］．北京：中国统计出版社，2017：15－18.

［4］多米尼克·萨尔瓦多，德里克·瑞杰．统计学与计量经济学［M］．杜艺中译．上海：复旦大学出版社，2008：8.

［5］冯玉宝．东北亚旅游产业合作模式研究［D］．吉林大学学位论文，2016.

［6］王平．沈阳经济区一体化发展研究［R］．辽宁省社科联课题结项报告，2015.

［7］Swanson R S，Musa S. The estimation of obstacle and terrain clobber probabilities［R］. Springfield，VA：NTIS，1975.

［8］林木西．新一轮东北老工业基地全面振兴的新支点［N］．中国社会科学报，2016－11－30（10）.

［9］新华社．我国公布《东北振兴“十三五”规划》［EB/OL］．新华网，http：//news. xinhuanet. com/fortune/2016－12/19/c_1120147343. htm，2016－12－09.

［10］师建．中文搜索引擎的开发研究［A］．王婧主编．网络时代的信息资源建设与信息服务［M］．北京：中国石化出版社，2000：19－22.

（5）需要将题目、作者、摘要、关键词等翻译成英文，置于参考文献之后。

《东北振兴与东北亚区域合作》坚持理论联系实际，鼓励学术创新，诚挚地邀请各位同仁惠赐佳作，希望经过各位同仁的共同努力，东北振兴、东北亚域合作及相关领域的研究能够更上一层楼！